„Die gefährlichste Weltanschauung ist
die Weltanschauung derer,
die die Welt nie angeschaut haben."

Alexander von Humboldt (1769-1859)

Andreas Kühn

Krokodile am Buffet

Ratgeber für Pauschal-Terroristen

© 2014 Andreas Kühn

Umschlaggestaltung und Satz: Nadine Müller
Illustrationen: © Julien Tromeur - Fotolia.com

Verlag: tredition GmbH, Hamburg
Printed in Germany
ISBN: 978-3-8495-8037-7

Bibliografische Information der Deutschen Nationalbibliothek: Die Deutsche Nationalbibliothek verzeichnet diese Publikation in der Deutschen Nationalbibliografie; detaillierte bibliografische Daten sind im Internet über http://dnb.d-nb.de abrufbar.

Inhalt

Vorwort

Es ist an der Zeit, Guste und Guffi (so will ich die Alptraum-Gäste aller Reiseveranstalter und sonstigen touristischen Dienstleister nennen) auch einmal zu bewerten. Auge um Auge, Zahn um Zahn. Auch wenn diese beiden **Pauschal-Terroristen** in Reinkultur im realen Leben so nicht vorkommen. Sie sind eine Summe aus sehr vielen – freundlich ausgedrückt – Eigentümlichkeiten einer Vielzahl Reisender.

Der Pauschal-Terrorist fällt weder vom Himmel, noch sehe ich eine Chance, dass er irgendwo auf den Weltmeeren absäuft. Es ist eine sich stets selbst reproduzierende Spezies.

Um nicht bereits vorweg missverstanden zu werden: Selbstverständlich gibt es die übergroße Mehrheit der verständigen, aufgeschlossenen und notfalls auch einmal nachsichtigen Reisegäste. Ohne diese, noch immer die überwältigende Mehrheit stellende, aber zunehmend seltener werdende Spezies wäre kaum einem touristischen Dienstleister sein Job noch freudvoll möglich.

Nicht nur aus rechtlichen Gründen finden sich mehrheitlich weder Namen von Pauschal-Terroristen, noch Orte des Geschehens, noch anderweitige Details, die Rückschlüsse auf Personen, Hotels oder Reise-Veranstalter zulassen. Mitunter habe ich den einen oder anderen Schauplatz auch verlagert, niemals aber das Geschehen selbst. Es hat sich alles so zugetragen wie beschrieben.

Ich ziehe ausdrücklich den Hut und verneige mich vor denen, die teils jahrzehntelang im Hotel, im Flieger, im Reisebus, am Skilift oder hinterm Bar-Tresen geduldigst auch Pauschal-Terroristen erdulden. Wer ihnen schon kein Trinkgeld gönnt, sollte sie wenigstens mit dem bedenken, was sie verdienen: Respekt. Weil sie Menschen mögen. Auch weil sie wissen, wer ihnen täglich die Brötchen hinstellt – der zahlende Gast!

Viele Deutsche lieben ihren heimischen Balkon, die Schrankwand in der guten Stube, die Jogginghose beim Fernsehen, den gartenzwergverzierten Schreber-garten und den trauten Wackeldackel samt umhäkelter Klopapier-Rolle auf der

Hutablage des Autos. Doch wehe, sie gehen auf Reisen! Dann mutieren Biedermann und -frau schnell für Tage oder gar Wochen zu Pauschal-Terroristen. Ihnen ein leider hässliches Denkmal zu setzen, ist längst überfällig: Zur Abschreckung, zur Mahnung und zur Erinnerung.

Wenn diese sagenhafte Spezies die trauten vier Wände erst einmal zwei Stunden hinter sich gelassen hat, dann ist Benimm wie Rotz am Ärmel ihr Knigge. Einmal auf die große weite Welt losgelassen und von Orts- und Landeskenntnis sowie von polyglottem Wesen völlig befreit, torkeln sie dann von Alaska bis nach Feuerland, von Andalusien bis zum Nordkap und von Flensburg bis ins Allgäu.

Sie fühlen sich wie Eroberer fremder Länder und hausen doch zuweilen wie einst Hunnenkönig Attila. Zwar haben einige von ihnen ein halbes Dutzend Reiseführer gelesen – aber leider selten etwas verstanden. Das liegt selten am Nicht-Können, sondern vielmehr am Nicht-Wollen. Damit auch ja nichts Prägendes von fremden Orten an ihnen haften bleibt, tragen sie bevorzugt Outdoor-Jäckchen von Markenherstellern, an denen alles abperlt.

Der deutsche Pauschal-Terrorist tourt am liebsten in einer größeren Gruppe durch die Welt. Bevorzugt buchen jedoch diejenigen eine Gruppenreise, die am wenigsten dafür tauglich sind. Sie verwechseln diesen Begriff gern schon mal mit „betreute Reise".

Weder sind sie in der Lage, ihre Hörgeräte richtig zu justieren noch haben sie vor Reiseantritt ihre 6-Dioptrien-Brillen beim Optiker prüfen lassen. Wozu auch? Es scheint ja nur eine Frage der Zeit sein, bis auch der sprichwörtliche Blindenhund für sie optional buchbar ist!

Nein, ich rede nicht von bildungsfernen Schichten auf Reisen. Auch die intellektuell Begüterteren lassen zuweilen gern einmal die berühmte Sau raus. Sie haben schließlich dafür bezahlt, alles zu bekommen. Auch das, was nicht gebucht wurde. Sie wissen vieles nicht, aber alles stets besser. Ihr Credo lautet: All inklusive. Immer. 24 Stunden lang. Überall.

Seine Weltoffenheit zeigt der deutsche Pauschal-Terrorist an fernen Stränden gern dadurch, dass er Sandburgen nicht nach dem Vorbild von Neuschwanstein baut und die Liege statt mit dem eigenen Badetuch gerne landestypisch mit dem hoteleigenen reserviert.

Wenn der Pauschal-Terrorist von den ihn umgebenden dienstbaren Geistern allzeit genügend gebauchpinselt wird und er selbst nie vergessen hat, pünktlich seine Pillen gegen den unvermeidlichen Bluthochdruck zu schmeißen, kann er sogar gelegentlich freundlich sein.

Aber nur bis zum letzten Tag. Dann verkriecht er sich entweder in sein Hotelzimmer oder schreibt mit zittrigen Fingern am wackeligen Tisch im Flieger oder im Reisebus „Bewertungen" über all das, was er nicht verstanden hat und auch nie verstehen wird.

Der Zeitpunkt ist dann gekommen, alles und jeden madig zu machen. Auch wenn diese Spezies am Buffet die Salatgabel nie von der Tortenzange und das Weißwein- nie vom Bordeaux-Glas unterscheiden konnte. Auch wenn viele Pauschal-Terroristen trotz großem Piktogramm den Taster zum Spülen auf dem WC ebenso wenig fanden wie sie unfähig waren, ihre Klimaanlage mittels Fernbedienung zu regeln. Notorische Nörgler sind einfach unsterblich.

Kein Koch, kein Kellner, kein Zimmer- mädchen, keine Rezeptionistin und weder Pilot noch Busfahrer sind vor ihrer vernichtenden Kritik gefeit. Der deutsche

Pauschal-Terrorist sucht Haare selbst in Suppen, wo gar keine drin sein können. Notfalls reißt er sich ein Haar aus den gleichen Ohren, die nie hören konnten. Alles nur, um „Beweise" führen zu können. Generalschuldige gibt es natürlich auch – meist sind es Reiseleiter und Stadtführer, die dazu trefflich taugen.

Das eigentliche Reiseziel vieler Pauschal-Terroristen war, ist und wird wohl auch immer bleiben: Eine nachträgliche Reisepreis-Minderung um jeden Preis oder wenigstens ein Gutschein. Sein schizophrenes Wesen offenbart sich, wenn der kurzzeitige Beschwerdeärger verflogen ist: Prompt wird beim gleichen Reiseveranstalter der nächste Trip gebucht.

Gestatten:
Guste und Guffi.

Ich nenne die beiden reisenden Prachtexemplare, die den geneigten Leser auf den nächsten Seiten begleiten werden, einfach mal Guste und Guffi. Es soll und darf sich jeder angesprochen fühlen. Denn ein bisschen Guste und Guffi steckt doch in jedem Reisenden. Diese beiden sind die untypisch typischen deutschen Pauschal-Terroristen.

Nach jedem Urlaub erzählen sie zuerst, wie das Wetter war und welche kulinarischen Reserven für einen langen Tag man am Frühstücksbuffet mitgehen lassen konnte. Eventuell erinnern sie sich noch vage, ob ihre dienstbaren touristischen Begleiter „nett" oder nett waren. Mehr haben sie dann auch meistens nicht zu berichten.

Sie sind die absoluten Lieblinge, die ungekrönten Könige aller in der Touristik Tätigen. Andere Dienstleister gehen zum Friseur, um sich die Haare in modischem Chic Grau färben zu lassen. Touristiker bekommen diese Zierde von allein und ungewollt. Wenngleich nicht umsonst, dafür aber in allen Fällen kostenlos.

Guste und Guffi fragen schon **vor** Beginn einer mehrtägigen Reise, wann genau sie wieder daheim sein werden. Guste hat mindestens einen Reiseführer dabei (vorzugsweise eine veraltete Ausgabe, die irgendwo zum Sonderpreis in einer Ramschkiste lag). Das Gebetsbuch der beiden ist eine Kopie der Reisebeschreibung aus dem Katalog. Und das Handgepäck von Guffi ziert nicht selten ein Navigationsgerät – mittlerweile auch gern im Smartphone integriert.

Die Gründe liegen auf der Hand: Man kann ja nicht wissen, ob der Reiseleiter wirklich etwas weiß. Selbst wenn er ein Allwissender sein sollte, kann es nicht schaden, ein Besserwisser zu sein. Schließlich landete so mancher Busfahrer schon vor dem falschen Hotel, weiß Guffi vom Hörensagen. Und Reiseleiter, die den Stadtplan verkehrt herum lesen, soll es ja auch schon gegeben haben.

Seit es das Internet gibt, ist auch hinlänglich bekannt, dass Piloten auf Langstreckenflügen gern mal ein Nicker-chen zu viel machen. Auch Kapitäne aus aller Herren Länder sollen ja schon Kreuzfahrtschiffe auf Grund gesetzt haben. Da kann eine Seekarte selbst für Laien schon mal nützlich sein. Ganz unabhängig davon, ob man in der Lage ist, selbige richtig zu lesen.

Denken andere an schönen Urlaub und ihr Reise-Tagebuch, so denken reinrassige Pauschal-Terroristen an die „Frankfurter Tabelle". Sie gibt Juristen brauchbare Anhaltspunkte für die Minderung des Reisepreises – je nach vorliegendem Reisemangel. Für nicht wenige Reisende ist diese Tabelle eine Art Bibel geworden. Deshalb führen sie auch penibel Tagebuch über die kleineren und größeren Unzulänglichkeiten eines Urlaubs.

Es gibt inzwischen sogar vielreisende Stenografen: Sie schreiben schneller ihr Notizbuch voll als der Reiseleiter sprechen und ein Taxifahrer einparken kann. Denn nur was man Schwarz auf Weiß geschrieben hat, kann man getrost zum Reiseveranstalter oder am besten gleich zum Rechtsanwalt tragen.

Das Wissen um mögliche Reklamationen ist bei Guste und Guffi grundsätzlich größer als das übers jeweilige Reiseziel. Ein erholsamer Urlaub steht gegen eine mögliche Reisepreisminderung im Hintergrund.

Meckern und nörgeln als Lebenselixier. Erfahrene Pauschalterroristen wissen, dass es die perfekte Reise nicht gibt. Und sie wollen diese auch gar nicht! Es ist ja auch bedeutend schwieriger, den Ausführungen über die Geschichte einer antiken Ausgrabungsstätte zu folgen als im Reisebus, der Guste und Guffi dorthin brachte, einen Schmutzfleck auf dem Sitzpolster zu entdecken.

Der klassische Pauschal-Terrorist weiß stets, was er vorab für seine Reise bezahlt hat. Welche Leistungen er dafür erwarten darf, vergisst er gern und oft. Oder er tut zumindest so. Gern werden Rundreise und Studienreise verwechselt, obwohl der Katalog eindeutige Aussagen trifft und der Preisunterschied zwischen beiden hinlänglich bekannt sein sollte.

Guffi und Guste erwarten für ihr Geld Höchstleistungen von allen Dienstleistern. Der livrierte Frühstücks-Kellner sollte möglichst ebenso inbegriffen sein wie der Anzug und Schlips tragende und als wandelndes Kaffee und Würstchen kochendes Lexikon daherkommende Busfahrer.

Braucht ein italienischer Fremdenführer in Verona eine Stunde, um britischen Touristen die Hauptsehenswürdigkeiten der Stadt zu zeigen, so sind es bei Guste und Guffi aus deutschen Landen drei Stunden. Denn so lange dauert es, bis auch die letzte Frage beantwortet ist. Besonders beliebt machen sich diejenigen Pauschal-Terroristen, die von nichts eine Ahnung, aber zu allem eine starke Meinung haben.

Der Pauschal-Terrorist

Die besten Voraussetzungen für einen perfekten Pauschalterroristen bringst du dann mit, wenn du wenigstens im fünften Lebensjahrzehnt stehst. Wäre doch gelacht, wenn du dir da noch die Butter vom Reise-Brot nehmen ließest? Förderlich wäre, wenn du mit deinem bisherigen Leben und deinem persönlichen Umfeld chronisch unzufrieden ist. Perfekt wird es, wenn du es eigentlich gar nicht magst, zu verreisen.

Immer dann, wenn dir daheim die Decke auf den Kopf fällt, wenn dich deine Frau (bzw. bei Frauen: dein Mann) nur noch nervt – dann verreise. Wenn dir seit Wochen das Essen nicht schmeckt – mach den Abflug. Wenn dir das Bier vor der Glotze zum zigsten Male schal geworden ist – besteige den nächsten Zug. Wenn Nachbars Hund zu laut bellt oder deine Katze zu selten Mäuse fängt – dann bist du reif für eine Insel. Wenn der ganze Frust deines Lebens bereits droht, dir die

Schädeldecke zu sprengen – dann ist der ideale Zeitpunkt gekommen, eine Reise zu buchen.

Das Ziel ist ziemlich egal. Die Art der Reise ist gleichfalls nicht von Belang. Aber verreise um Gottes Willen bloß nicht allein. Nimm einen von den Menschen mit, die dich schon unter normalen Umständen mehrfach am Tage nerven. Ehegatte oder Dauer-Lebensabschnittspartner sind dazu ebenso gut geeignet wie beste Freunde, Kinder oder Eltern.

Am besten aber ist es für dich, eine Pauschalreise zu buchen. Möglichst in einer größeren Gruppe. Denn auch als noch unerfahrener reisender Nerventod kannst du nur so ganz sicher sein: Auf einen wie dich haben alle Mitreisenden und Dienstleister längst sehnsüchtig gewartet. Sie sind stressgestählt und kampferprobt. Also gib richtig Gas!

Erzähle bloß niemandem von deinen Reiseplänen. Lies vorab nur keine Bücher und informiere dich nicht im Internet. Suche statt dessen ohne Umschweife ein Reisebüro auf. Am besten dann, wenn du überhaupt keine Vorstellung davon hast, wo du hinreisen willst, wie lange der Trip dauern und was der Urlaubsspaß kosten soll.

Mein Tipp: Gehe in eine x-beliebige touristische Geschäftsstelle mit den vielen bunten Reisekatalogen und reiße die Eingangstür möglichst geräuschvoll auf. Als König Kunde musst du sofort wahrgenommen werden! Grüße um Himmels Willen nicht! Du könntest sonst missverstanden werden. Pauschalterroristen grüßen nicht, sie werden gegrüßt.

Als Reisebüros künftiger Liebling solltest du keinesfalls einen gerade freien Berater ansteuern. Nur wer bereits mit Kundschaft beschäftigt ist, kann auch locker noch einen wie dich verkraften. Mutmaßlich triffst du so auf den fähigsten und belastbarsten Mitarbeiter dieser Filiale. Wenn du gegangen sein wirst, hat er eine Feuertaufe mehr bestanden.

„Ich will mal wieder verreisen" ist ein sehr guter erster Satz. Damit können Reiseverkehrskaufleute nämlich perfekt umgehen. Nichts anderes haben sie in ihrer Ausbildung gelernt. Also sollen sie sich auch gefälligst endlich mal einer echten Herausforderung stellen. Wer will schon seine Provision im Schlaf verdienen? Schweißperlen sollen fließen – und das nicht zu knapp. Du wirst jetzt dafür sorgen! Auch wenn du Hyperventilation weder buchstabieren noch schreiben kannst: Gib anderen eine praktisches Beispiel, was dieses Fremdwort bedeutet.

Allein die Vorstellung, eine Vorstellung von der zukünftigen Reise haben zu können, sollte dich erschrecken. Zwinge mit deiner Schwäche die Reisebüromitarbeiter dazu, all ihre Stärken zu offenbaren. Mache ihnen knallhart klar, dass verdienen von dienen kommt. Es sind jetzt deine Diener – knechte sie!

Erste Regel: Als wahrer Pauschal-Terrorist wirst du auf gar keinen Fall kund tun, dass der Urlaub auch gut und gerne das Doppelte von dem kosten könnte, was du dir als Limit gesetzt hast. Denn je niedriger der genannte Reisepreis – umso besser stehen deine Chancen, dass sich alle Erwartungen voll und ganz erfüllen.

Eine absolute Ramsch-Reise ist wie ein Garantieschein für zu dir passende mitreisende Opfer. Deine Fan-Gemeinde lässt sich bei keiner anderen Reiseform so schnell erweitern. Du wirst andere nicht nur tage- bzw. wochenlang Mores lehren, sondern auch dein Nörgel- und Nerventod-Repertoire unentwegt erweitern können.

In den wenigen Minuten, in denen fleißige Bienchen im Reisebüro ein halbes Dutzend Kataloge vor dir ausbreiten und dir einen Kaffee hinstellen, bleibt dir Zeit genug, darüber zu sinnieren, an welchem Ferienort du deine Talente am besten entfalten kannst.

Eine innerdeutsche Reise taugt für deine Zwecke nur höchst selten. Wozu willst du dich über Dinge aufregen, die du längst kennst? Neue Horizonte werden für dich gebraucht! Ein Land, dessen Sprache du nicht sprichst und dessen Sitten und Gebräuche du ebenso wenig verstehst, eignet sich vorzüglich. Am besten wählst du ein solches Reiseland, dessen Küche und Keller dir abgrundtief verhasst sind und von dem du bisher nur Negatives vom Hörensagen kennst.

Sei als angehender professioneller Pauschal-Terrorist stets wild entschlossen, mit möglichst wenig Aufwand den größtmöglichen Effekt zu erzielen. Verreise also vorzugsweise für fünf bis sieben Tage und zahle keineswegs mehr als 60 Euro pro Reisetag. Dann hast du das für deine hinterlistigen Zwecke bestmögliche Preis-Leistungs-Verhältnis erzielt.

Dass Halbpension im Reisepreis enthalten sein sollte, versteht sich von selbst. Achte unbedingt auch auf Angebote, die da heißen: „Spar"- oder „Superspar-Reise". Das schöne deutsche Wort „Schnäppchen" darf ebenfalls gern vorkommen, ebenso „Rabatt" oder „Frühbucher-Rabatt".

Die Reisezeit ist von besonderer Bedeutung. Besonders viel Potenzial und Charme (nicht zuletzt für anschließende Beschwerden und erwartete Reisepreis-minderungen) hat es, gegen den Strich zu bürsten. Außerhalb der Saisonzeiten sind die Preise oft ebenso günstig wie das Wetter schlecht ist. Und was ist schon zum Nörgeln und Meckern besser geeignet als fehlende Sonnenstrahlen, kaltes Meerwasser und allzeit dunkle Regenwolken?

Ganz wichtig für dich: Die Wahl des passenden Transportmittels. Auf einem Kreuzfahrtschiff triffst du zwar genügend Gleichgesinnte, aber Hartgesottene können dir dort viel zu leicht aus dem Weg gehen. Auch ein Flieger passt nicht wirklich zu dir. Dort kannst du bestenfalls auf Hin- und Rückflug deine Nebenleute und zwei bis drei dieser fürchterlichen Saftschubsen um den Verstand bringen.

Der Reisebus hingegen passt optimal zu einem Pauschal-Terroristen. Aber nicht irgendwie, denn du bist ja auch nicht irgendwer. Buche in jedem Fall einen der Sitzplätze hinter dem Busfahrer oder dem Reiseleiter. Mit ein bisschen Glück hast du so täglich mehrere Stunden Gelegenheit, diese beiden an deinem Nicht- und Halbwissen teilhaben zu lassen. Schöner Nebeneffekt: Einige deiner Mitreisenden lernen so gleich mal, was es heißt, Puls zu haben.

Je weiter entfernt du vom Abfahrtsort wohnst, umso wichtiger ist es, dass du gleich ein Taxi buchst, dass dich dorthin und auch wieder nach Hause bringt. Du kannst ganz sicher sein, dass dich am letzten Urlaubstag ein anderer Fahrer zurück ins traute Heim bringen wird: Dafür sorgt garantiert die Empfehlung seines Kollegen, der dich einst an deiner Haustür abholte. Du gewinnst weitere Freunde für den Rest deines Lebens.

Was für die schwimmenden Pötte auf Flüssen und Weltmeeren gilt, ist auch in Sachen Hotel richtig: Ein zu großes Haus taugt nicht für dich. Du müsstest zu den Objekten all deiner Begierden möglicher Weise sehr weite Strecken zurücklegen und zu viele andere Gäste könnten dir dort aus dem Wege gehen. Außerdem würdest du es nicht schaffen, alle dienstbaren Geister des Hauses zu beglücken. Ein kleines, familiär geführtes Haus passt zu dir. Da kläfft dich selbst nach Jahren noch der Haushund zähnefletschend an, wenn du einmal dorthin zurückkehren solltest. Erst wenn du nach gefühlten zwei Stunden mit dem gebuchtem Traumurlaub im Plastikbeutel das Reisebüro wieder verlässt, müssen sämtliche Mitarbeiter kündigungswillig und der Inhaber zur Aufgabe seiner Filiale gewillt sein. Das Mindeste aber ist, dass alle jetzt wissen, dass sie definitiv den falschen Beruf gewählt haben. Sonst war dein Besuch wirklich umsonst.

Eine andere wohlfeile Methode, bei der du die eigenen vier Wände nicht einmal verlassen musst, ist die Nutzung der Buchungs-Hotline vieler Reiseveranstalter.

Sorge vor: Deine Rufnummer solltest du beim Anruf unterdrücken, damit es keine Vorwarnungen vor dir geben kann, wenn du ein zweites oder gar drittes Mal läuten solltest. Die Gefahr, dass man sich deiner Telefonstimme dennoch entledigt, bevor du am Ziel angekommen bist, besteht allerdings fort.

Andererseits eröffnet dir das (mündlich oder schriftlich) eine weitere Beschwerdemöglichkeit. Wenn du davon Gebrauch machst, lass an dem Call Center-Mitarbeiter bloß kein gutes Haar. Es reicht vollkommen aus, wenn du dich rhetorisch erst hart an der Grenze zum

Strafgesetzbuch bremst. Die Drohungen mit einem Rechtsanwalt (den du weder hast, geschweige denn bezahlen kannst) machen sich immer vorzüglich.

Jetzt weißt du grundsätzlich erst einmal Bescheid und wir können im nächsten Schritt zur Feinplanung eines erfolgreichen Terroranschlags auf gute Laune und Urlaubsfreude Dritter übergehen. Touristische Dienstleister eliminiert einer wie du sowieso im Handstreich.

Packend wie ein Krimi

Ganz wichtig ist die Wahl deines Urlaubs-Gepäcks. Du ahnst bereits: Es wird jetzt packend wie ein Krimi. Willst du für drei Tage vereisen, dann packe für fünf, soll es eine Woche Urlaub werden, dann packe für zwei Wochen ein. Alles, was du glaubst brauchen zu können, muss in deine Koffer und Taschen! Überflüssiges nimm bitte auch mit – Ballast ist immer gut.

Du bist wie dein Gepäck: Weit gereist. Das müssen alle sofort sehen. Wenn dir der Gedanke nicht bereits selbst gekommen ist, dann kaufe Aufkleber aus aller Herren Länder zusammen. Je exotischer, umso besser. Groß müssen sie sein und möglichst bunt.

Je größer und sperriger dein Gepäck ist, umso größer wird die Freude derer sein, die es statt deiner tragen müssen. Mache dem Taxi- und später dem Busfahrer, dem Hotel-Boy oder deinen Mitreisenden eine besondere Freude: Nimm einen möglichst festen Koffer. Je härter die äußere Schale, umso empfehlenswerter. Ein solches Monster lässt sich besonders schlecht in Gepäck-Abteilen jedes Verkehrsmittels verstauen. Dein Erinnerungswert steigt so beträchtlich.

Falls du wider Erwarten meinem Rat nicht folgst – und eine Flugreise anzutreten gedenkst: Der Preis für Übergepäck ist jeden zu zahlenden Cent wert, denn der Unterhaltungsfaktor beim Check-in auf dem Airport ist eigentlich unbezahlbar. Nimm unbedingt auch noch ein Handgepäckstück mit, das den Normen nicht entspricht.

Ganz wichtig: Teste die seelische Belastbarkeit der Mitarbeiter am Check-in, indem du einen Laptop oder eine große Videokamera zusätzlich zum Handgepäck mit in die Kabine nehmen willst. Mal wird es dir gelingen, mal nicht. Das macht mindestens so viel Spaß wie Russisches Roulette. Für andere Fluggäste wird deine kurzweilige Show-Einlage in bleibendes Erlebnis.

Niemand mag exakt vorherzusagen, wie teuer am Urlaubsort die Getränke sein werden. Und ob es zum Frühstück genügend Gelegenheiten geben wird, essbare Notgroschen für den Tag zu stibitzen, ist ebenfalls ungewiss. Deshalb:

Packe ein, was immer du kannst! An welch leuchtenden Beispielen du dich dabei orientieren kannst, verrate ich dir später.

Scheue dich nicht, auch mehrere schwere Koffer mitzunehmen. Du musst keine Angst haben, den Hotel-Boy entgeltlich bemühen zu müssen. Es gibt in ausreichender Zahl hilfsbereite Mitreisende, denen du dein Gepäck aufbürden kannst. Notfalls kann dir deine zierliche Reiseleiterin beweisen, was an Muskeln in ihr steckt. Wut verleiht ungeahnte Kräfte – überzeuge dich davon.

Denke bitte auch daran, dass deine ausgiebige Vesper auf kleinen Bordtischen in Bus, Bahn oder Flieger besondere Freude bei deinen Nachbarn auslösen wird. Unbezahlbares Volksgemurmel wird dein geneigtes Ohr streifen, wenn du bedächtig beginnst, Thermosflasche, Becher oder Tasse, Brotbüchse und ein kleines Handtuch zum Unterlegen hervorzukramen.

Schmatze und schlürfe möglichst laut, es dürfen alle hören, dass es dir mundet. Egal, welches Malheur dir dabei auch immer passieren mag: Es freut all die, die nach dir kommen. Schüttele deine „Serviette" gut aus, sonst haben die von dir bezahlten Reiseleiter und sonstiges

Personal keine sinnvolle Beschäftigung zum Feierabend. Und du weißt doch: Müßiggang ist aller Laster Anfang.

Lass unbedingt alles wirklich Notwendige daheim: Medikamente, Dokumente, Seh-, Hör- und sonstige Hilfen. Wenn du anderweitig wider Erwarten nichts finden solltest, was zum Lamentieren taugt – deine Vergesslichkeit gibt dir Gelegenheiten genug.

Der entsetzte Blick deines Reiseleiters, wenn du ihm sagst, dass deine Insulin-Ampullen daheim auf dem Küchentisch liegen – unbezahlbar. Eine vergessene Lesebrille ist kein Drama – nimm einfach ungefragt die deiner Nachbarin. So kommt man schneller zu zwischenmenschlichen Kontakten.

Die langsam entgleisenden Gesichtszüge von gestandenen Rezeptionisten werden dir auf ewig im Gedächtnis haften bleiben: Wenn du am Abreisetag beichtest, dass du leider weder ec-, noch Kreditkarte, geschweige denn Bargeld dabei hast – die Minibar aber mehrfach leer getrunken wurde.

Steht in der Reisebeschreibung geschrieben, dass auf dem Kreuzfahrtschiff „legere Kleidung" getragen werden kann, dann nimm dies bloß wörtlich. Mache dir einen ganz Großen der Weltliteratur zu eigen. *„Die Deutschen haben entweder den Geschmack verloren, oder sie haben nie welchen besessen"* schrieb bereits Anton Tschechow im Jahre 1904.

Der berühmte Maler George Grosz hat es weniger vornehm ausgedrückt: *„Deutsch sein heißt immer: geschmacklos sein."* Als ob er dich bereits gekannt hätte, fügte er noch an: *„Dumm, hässlich, dick und unelastisch."*

Strafe diese beiden großen Geister nicht Lügen! Für Damen und Herren gleichermaßen empfehlenswert sind in der Ferien-Freizeit sogenannte Hausanzüge. Am besten eigenen sich da Schockfarben. Kombiniere den Schlabberlook mit dazu passenden Pantoffeln oder Hausschuhen. Als Accessoire rate ich dir zu einem schrillen Stoffbeutel. Das macht deinen modischen Aufzug noch etwas auffälliger.

Tagsüber bist du mit einer überall erhältlichen Trekking-Weste bestens gekleidet (möglicht in gedecktem und dezentem Beige gehalten). Darunter kann nahezu alles getragen werden, das ist praktisch. Für deine Füßchen rate ich dir in der wärmeren Jahreszeit unbedingt zu Sandalen, vorzugsweise in Grau oder Beige. Die Socken sollten keinesfalls farblich dazu passen. Zwei Drittel der dir Gleichgesinnten gaben bei einer Umfrage an, dass sie ihr Aussehen nicht weiter kümmert, wenn sie nur eine schöne Reise genießen können. Sollte dir das nicht Bestätigung genug sein?

Auf deine hohle Rübe gehört unbedingt eine Kopfbedeckung! Die Zeiten, wo man einen Hut trug, sind vorbei – also nimm ein Basecap. Richtig Eindruck schindest du dann, wenn dir deine Frau oder deine Mutti darauf die Namen aller Urlaubsorte gestickt hat, wo du bereits gewesen bist. Du musst nun niemandem mehr sagen, wer du bist und wo du herkommst – man erkennt dich so auf 100 Meter Entfernung. Das hat sagenhafte Vorteile für die Personenbeschreibung, wenn du mal deiner Reisegruppe abhanden kommen solltest und man nach dir suchen (lassen) muss.

Nimm möglichst viele Utensilien mit. Bloß keinen zu kleinen Schirm! Ein großer bietet bei einem Platzregen deutlich mehr Schutz und beansprucht aufgespannt deine halbe Kemenate. Das erleichtert dir die Nörgelei wegen eines zu kleinen Zimmers ungemein.

Was glaubst du, welche Freude es Mitreisenden bereitet, wenn dein Schirm, deine Kamera oder deine Zweitschuhe im Stoffbeutel sich im oberen Gepäckabteil in Bus, Bahn oder Flieger selbstständig machen und durch die Gegend fliegen? Mach dir nichts aus der Wut Dritter: Auch eine von dir verursachte Platzwunde am Kopf Dritter kann für diese ein Mitbringsel und eine bleibende Erinnerung sein.

Also dann auf gut Deutsch: Zahnputz-, Rasier- und Waschzeug nicht vergessen. Falls du dir mit einem Elektrorasierer den Bart schabst: Das kannst du ganz lässig auch während der Fahrt bzw. während des Fluges tun.

Nimm das penetranteste Rasierwasser mit, das du daheim im Bad finden kannst. Und vergiss keinesfalls, womit du eine nachhaltige Duftmarke setzen kannst: Parfümierte Erfrischungstücher. Du glaubst gar nicht, wie gleichmäßig jede Klimaanlage eine so markante Mischung aus Körperschweiß und Parfüm verteilen kann. Das ist dann der Duft der großen weiten Welt.

Geh mit der Zeit, wenn du verreist! Ein schickes Smartphone und eine Digitalkamera gehören heutzutage dazu. Dass du damit nicht selten richtig umgehen kannst, weiß außer dir niemand. Hauptsache, du schindest Eindruck. Wenn du hingegen über genügend Selbstbewusstsein verfügst, bitte deinen Reiseleiter oder andere Gäste, dir dieses neumodische Teufelszeug zu erklären. Sie lechzen doch bereits förmlich danach, dir behilflich sein zu können. Sonst wüssten sie mit ihrer Zeit ohnehin nichts anzufangen. (Die beigelegten Betriebsanleitungen versteht eh kein normaler Mensch und nichts geht über menschliche Zuwendung. Du bist und bleibst die Hauptperson, auch bei einer Gruppenreise.)

Packe in deinen Koffer hinein, was nur irgendwie hineinpasst. Obenauf legst du sicherheitshalber zwei oder drei Handtücher. Du weißt doch: Man kann nie wissen. Falls die Handtücher im Hotel wider Erwarten schöner sein sollten als deine eigenen: Für dich gilt das Recht zum Umtausch. Lass doch einfach deine schicken Handtücher zurück und packe die hoteleigenen ein.

Denk am Ende deiner Reise daran, dass du auch alles wieder einpacken musst. Deiner schmutzigen Wäsche ist es zwar ziemlich egal, ob sie auf Kante gelegt daheim ankommt oder im Wäschebeutel: Falte dennoch alles ordentlich zusammen. So kommst du am letzten Abend wenigstens nicht in die Verlegenheit, mit anderen

Gästen Abschied feiern zu müssen. Und falls im Hotel kein deutschsprachiges TV-Programm verfügbar ist, erspart dir das penible Packen einen langweiligen Abend.

Sag einfach „To-ma-te"!

Flugbegleiter (du solltest sie unabhängig vom Geschlecht Saftschubse nennen) haben längst keine Angst mehr vor Flugzeugentführungen. Ihr Horror sind Passagiere wie du. Erweise dich aller Vorurteile, die es gegenüber deinesgleichen weltweit gibt, für würdig – und sorge hoch über den Wolken dafür, dass du in ewiger Erinnerung bleibst.

Zeige diesem unbotmäßigen Pack in seinen albernen Uniformen, dass du ihnen die Hölle auch hoch oben am Himmel bescheren kannst. Strafe sie alle dafür, dass sie zwischen zwei Langstreckenflügen mutmaßlich mehr am Strand liegen als du in deinem Jahresurlaub. Lass dir von niemandem einreden, dass Flugbegleiter ein knüppelharter Job fern jedweder Romantik mit mäßiger Bezahlung ist.

Dein großer Auftritt sollte bereits am Boden beginnen. Erscheine möglichst spät am Abfertigungsschalter der Fluggesellschaft. Wenn du in der dann meist langen Schlange deinen Hartschalenkoffer möglichst oft in die Kniekehlen vor dir Stehender beförderst, sorgst du erstmals für Stimmung. Lautstarkes Gemecker deinerseits, dass doch bitte die anderen aufpassen sollten, ist ein absolutes Muss.

Am Abflugschalter angekommen, ist es nun allerhöchste Zeit, neben dem Gepäck auch deine eventuell vorhandene gute Erziehung endgültig abzugeben. Bis du wieder daheim ankommst, ist diese vollkommen verzichtbar.

Je länger die Schlange hinter dir ist, umso wichtiger ist es, mit den Damen und Herren am Check-in möglichst belanglose, aber dafür Zeit fressende Unterhaltungen zu beginnen. Lass dich vom Volksgemurmel hinter dir ebenso wenig beirren wie von den rollenden Augäpfeln derer vor dir. Auch Passagiere sind Kunden und der Kunde ist König. Unter vielen Kunden kann es jedoch nur einen wahren König geben – dich!

Was ist schöner, als im Flieger am Fenster oder gar am Notausgang zu sitzen? Du ahnst es bereits: Genau einen dieser Sitzplätze nicht zu ergattern. Lass ruhig die Sau raus. Es ist doch ein Ding der absoluten Unmöglichkeit, dass sich bei mehr als 300 Sitzplätzen nichts Individuelles für dich mehr finden lässt. Leider muss ich dir sagen, dass lautstarkes Gedöns mitunter sogar von Erfolg gekrönt sein kann. Versuch macht klug, halte dich tapfer.

Nicht nur bei vielen Billigfliegern stehen (meist am Check-in) so komische Metallgitter. Sie sind gedacht für alle Passagiere – außer für dich. Ignoriere diese unmöglichen Gebilde. Alles nur Werbung und Materialverschwendung. Komme um Himmels Willen nicht auf den abstrusen Gedanken, du solltest dort prüfen, ob dein Handgepäck den vorgeschriebenen Maßen entspricht. Je mehr dein Trolley von der Norm abweicht, umso lustiger wird es wenig später in der Kabine des Fliegers zugehen.

Wenn du endlich im Besitz deiner Bordkarte bist, begib dich gemessenen Schrittes zur Sicherheitskontrolle. Teste die Aufmerksamkeit der dort Tätigen. Du kannst nie wissen, wie sorgsam sie wirklich nach Bomben suchen. Du selbst musst der explosive Stoff sein! Demonstriere, was eine tickende Zeitbombe auf zwei Beinen ist.

Sich als Moderator und Kommentator nützlich zu machen, kommt immer gut. Alle anderen an der Sicherheitsschleuse werden es dir danken. Gib zu allem deinen Senf dazu. Widersetze dich möglichst allen freundlichen Anweisungen und habe etwas im Handgepäck, was dort nicht hingehört. Ein Billig-Taschenmesser taugt ebenso wie ein bisschen Münzgeld in der Hosentasche. „Vergiss" tunlichst, beides aufs Band zu legen. Gegen die Wegnahme deiner rostigen Uraltklinge solltest du lautstark anzetern.

Die Bühne gehört nun dir, an Zuschauern mangelt es nicht. Mach alles mit Bedacht, nimm dir Zeit. Du bist bereits im Urlaub – und nicht auf der Flucht. Lass deshalb unbedingt exakt nachmessen, ob deine Flüssigkeiten im Handgepäck sich im Rahmen des Erlaubten bewegen. Über den Wolken kann nämlich jeder noch so geringe Rest eines Billig-Parfums eventuell von Nutzen sein.

Der Transitraum ist dein persönliches Wohnzimmer. Nimm zwei Plätze, später wird es eng genug werden. Du kannst unbesorgt dein Handgepäck auf einen Sitz legen.

Auf Nachfrage, ob dieser frei sei, antworte wahrheitsgemäß: „Nein, da sitzt bereits meine Tasche." Sollte sich der Abflug verzögern, so nimm zwei weitere Sitzplätze dazu und lege dich schlafen.

Spare Kräfte, du wirst sie über den Wolken noch brauchen.

Es ist so weit, dein Flug wird aufgerufen. Drängele dich vor! Auch wenn es bei den am Eingang zum Flieger bereit liegenden Zeitungen nur um fremdsprachige handeln sollte – sacke ein, was du wegtragen kannst. Nur rechtzeitiges Erscheinen sichert dir die Maximalmenge. Wenn dir in diesem Moment ein freundlicher Gruß von der Stewardess entboten wird: Grüße niemals zurück! Dein sonniges Gemüt könnte dir als Schwäche ausgelegt werden.

Aber es gibt noch einen viel gewichtigeren Grund, beim Boarding wieselflink sein zu müssen: Die Gepäckfächer über den Sitzen reichen erfahrungsgemäß (vor allem im Winter) nicht für alle Passagiere. Wuchte deinen Trolley mit Schwung nach oben; so testest du gleich, wie belastbar flugtauglicher Kunststoff ist.

Idealer Weise hast du auch noch Foto- oder Videoausrüstung dabei, die hoch oben Platz finden kann. Wenn du das geschafft hast, heißt es Platz zu nehmen. Verteile deine Zeitungen gleich auf dem Sitz des Nachbarn und setze dich listig auf dessen Sicherheitsgurt. Mit ein bisschen Glück erwischt es neben dir einen Flug-Eleven und du hast sowohl Gelegenheit, dich köstlich zu amüsieren als auch die Chance, dich als Oberlehrer zu produzieren.

Lächle müde in dich hinein, wenn die Flugbegleiter mit ausgebreiteten Armen die Sicherheitsmaßnahmen, die Notausgänge an Bord und die Handhabung der Schwimmwesten erläutern. Das ist nicht wirklich wichtig. Ihren Bewegungen nach muss es sich um Trockenschwimmer handeln, denen du keine Aufmerksamkeit zu schenken brauchst.

Dass es auch unsichere Passagiere gibt, die sich durch das Wissen um die Lage der Notausgänge sicherer fühlen, soll dir vollkommen egal sein. Ebenso das danach für die Zeit des Starts erbetene Abschalten sämtlicher elektronischer Geräte. Reinste Schikane. Lass dich ruhig erst von der Stewardess ermahnen! So bekommst du eine erste Gelegenheit, einer dieser uniformierten Schlampen in den Ausschnitt oder unter den Rock zu schauen.

Artikuliere dich klar und deutlich beim Bordservice. Vor allem aber so laut, dass auch die Passagiere vier Reihen hinter dir deine Getränke-Vorlieben mitbekommen. Ganze Sätze sind verpönt. Sage niemals:

„Ich hätte gern einen Tomatensaft." Das dauert erstens viel zu lange, ermüdet deine Sprechmuskeln und irritiert womöglich die Saftschubse. Knurre laut und deutlich: „TO-MA-TE!" Das kommt gut an und ist unmissverständlich.

Noch besser ist es, du lässt dir jeden Wunsch von den Augen ablesen. Wer spricht schon mit lästigen Untergebenen? Bevor du Englisch zu radebrechen beginnst: Schnippe mit den Fingern oder deute mit unmissverständlichen Handbewegungen an, wo es lang geht und was dein Begehr ist.

Die Tasche an deinem Vordersitz ist mitnichten nur für die Dinge da, die sich darin befinden. Es handelt sich um eine Universalablage! Pack deine Reiselektüre ebenso hinein wie all deinen Verpackungsmüll. Vergiss auch nicht, in die meist vorhandenen Aschenbecher aus längst vergangenen Raucherzeiten so kräftig Bonbonpapier zu stopfen, dass sich dieses nur mit der Zange wieder entfernen lässt. Obenauf deinen Kaugummi zu kleben (wahlweise das viel zu süße Startbonbon), wäre optimal.

Als kluger Pauschal-Terrorist hast du hoffentlich in mehrfacher Hinsicht Vorsorge getroffen. Eine kleine leere

Plastikflasche kann ebenso nützlich sein wie am Vorabend reichlich genossener Knoblauch. In den vergangenen Jahren haben Airlines von Leuten wie dir gelernt – und schenken Hochprozentiges nicht mehr in Fläschchen aus.

Du hast auch dazu gelernt: Im schnöden Plastikbecher gereichten Whisky oder Cognac wirst du klammheimlich umfüllen. Du kannst ja nicht wissen, wie teuer „Feuerwasser" und sonstige Raritäten am Zielort sein werden. Wenn dein Lieblings-Schnaps auf Nachfrage nicht dabei ist: Erleichtere der Saftschube bitte ihre Arbeit. Bringe in dieses unübersichtliche Tohuwabohu im Servierwagen ein wenig Ordnung – und bediene dich selbst.

Deine Knoblauchfahne hat den Nachbarn längst dazu gebracht, sich so weit von dir abzuwenden, dass du garantiert unbeobachtet sein wirst. Wenn du nicht vom dem wohlriechenden Knollengewächs gegessen haben solltest, wird es jetzt Zeit für einen weiteren Anschlag, den viele deiner Vorgänger erfolgreich praktizierten:

Die Kombination von Billig-Deo und deinem Körperschweiß kann nur unbeschreiblich sein. Zumal die Klima-anlage dafür sorgen wird, dass auch die Riechorgane weiter von dir entfernt Sitzender gebührend strapaziert werden. Mit ein bisschen Glück ist noch anderswo im Flieger ein Platz frei, so dass dein Nachbar umziehen wird. Du hast es geschafft!

Eigentlich könntest du jetzt einige Stunden geruhsam schlafen. Aber ohne dich wäre die Crew unausgelastet. Womit könntest du nerven? Wie wäre es mit dem Ruf nach einer zweiten Decke? Vorzugweise dann, wenn die Kabinen-beleuchtung längst gedimmt und Ruhe eingezogen ist.

Eine Stunde später könntest du dann über unangemessen hohe Temperaturen mäkeln. Mach das unbedingt so lange, bis der Flugbegleiterin der Kragen platzt und sie dir anbietet, ein Fenster zu öffnen – zwecks Frischluftzufuhr: Deine nächste Chance für eine geharnischte Beschwerde.

Wenn du ohne deine Guste unterwegs bis und in ausreichendem Maße dem kostenlosen Alkohol zugesprochen hast, solltest du mit den Saftschubsen ein bisschen flirten. Deren Lächeln ist niemals berufsbedingt. Es sollte dir bereits beim Einstieg in den Flieger signalisieren, dass sie nichts lieber mögen, als von angeflirtet zu werden. Falle nicht mit der Tür ins

Haus – es gibt so eindeutig zweideutige Sprüche, dass du nicht daran zweifeln musst, richtig verstanden zu werden.

Wenn die Stewardess deine Sprache nicht versteht: Tätscheln und grapschen ist unmissverständlich. Oder kneife die auf beiden Ohren taube Saftschubse doch einfach mal in den Po. Ein kräftiger Klaps tut es notfalls auch. Ob du das Ganze auch mal beim Steward probierst, überlasse ich allein dir.

Ich bin mir jedenfalls sicher, dass du die Zeit bis zur Landung effektiv nutzen wirst. Wenn dann endlich auf der Rollbahn die Reifen quietschen: Sofort klatschen! Schließlich wollen alle Vielflieger wissen, wo die Deppen sitzen. Ich frage dich allerdings: Klatschst du bei Ankunft deines Reisebusses oder deines Zuges auch am Zielort?

Damit jeder deine Bedeutung sofort erkennt, solltest du – noch während der Flieger rollt – dein Handy einschalten. Warte nicht ab bis das Anschnallzeichen erloschen ist – blockiere sofort den Gang und hole dein Handgepäck aus dem Ablagefach. Auf dem Weg zum Gepäck-Band: Nur die Besten kommen schnell durch! Der Wettbewerb um den brutalsten Drängler startet – sei ein Gewinner.

Wenn du im Duty Free ausgiebig und weit jenseits der gesetzlich erlaubten Freimengen eingekauft haben solltest: Gehe getrost durch den grün gekennzeichneten Ausgang „Nothing to declare". Wenn die Damen und Herren vom Zoll einen wie dich sehen, haben sie jegliche Kontrolllust verloren. Wenn nicht: Viel Glück.

Krokodile am Buffet

Wenn du deine Kür am morgendlichen Buffet oder abends im Restaurant absolvierst, musst du natürlich einkalkulieren, dass Dienstleister jeglicher Couleur deine Showeinlagen auch benoten. Meistens geschieht dies stillschweigend. Nicht selten aber auch in einer Art und Weise, dass Pauschal-Terroristen wie du noch lange daran zurück denken.

Ein Gedeck mehr

Mit Sternen war die österreichische Herberge nicht ausgezeichnet, in der sich folgende Geschichte zutrug. Aber die Sterne prangten bereits am Firnament als ein Ehepaar im besten Alter samt Rauhaardackel von ihrer Wanderung in den Alpen zurück kehrte. Dass es in diesem gastlichen Haus guter Brauch war, die schmutzigen Wanderstiefel in einem extra dafür vorgesehenen Raum zu wechseln, bevor man das Restaurant betritt, übersah das Pärchen geflissentlich.

Schnurstracks steuerten statt dessen Guste, Guffi und ein unangeleinter Waldi einen freien Tisch an. Das Restaurant war zu später Stunde bereits nicht mehr übermäßig frequentiert. Die gut sichtbaren Schmutzspuren des Trios auf dem Teppichboden geflissentlich übersehend nahm der Kellner die Bestellung auf. Eine Minute später brachte er für Waldi unaufgefordert einen Wassernapf.

Den beiden üppigen Salat-Tellern als Vorspeise folgten später zwei große Steaks mit Pommes Frites. Die frittierten Kartoffeln müssen ausnehmend gut gewesen sein, denn bevor sich das Messer von Guste erstmals dem Steak näherte, waren die Pommes aufgegessen. Letztlich blieben auf beider Teller fast zwei halbe Steaks zurück.

Guste nahm nun das Fleisch von Guffi auf ihren eigenen Teller und schnitt alles in mundgerechte Stücke. Anschließend stellte sie den Teller für Waldi unter den Tisch. Urplötzlich stand der Kellner mit einer Serviette neben beiden. Wortlos band er unter dem Tisch dem Dackel die Serviette über das Halsband und hob das Tier auf den Stuhl. Anschließend stellte er den Teller mit den Fleischresten vor Waldis Schnauze auf den Tisch und wandte sich an seine beiden reizenden Gäste: „Hätten Sie bloß etwas gesagt, so hätte ich für den Dackel gleich ein Gedeck mehr aufgelegt."

Ob diese beiden Stil-Ikonen ohnehin ihren letzten Abend in diesem Hause verbrachten oder verschämt vorzeitig abreisten, vermag ich nicht zu sagen. Sie wurden jedenfalls nicht mehr gesehen. Der Absacker für den schlagfertigen Kellner ging zu späterer Stunde auf mich.

Teure Frischhaltefolie

Ich kann dir nicht oft genug erklären, dass du vom Frühstücks-Buffet **unauffällig** (!) einpacken sollst. Also in jedem Falle so, dass weder das Personal, geschweige denn der Chef des Hauses, davon Wind bekommen.

Dem Besitzer eines größeren Landhotels waren zwei Reisegruppen bereits am zweiten Tag ein Dorn im Auge. Denn sie ließen für die übrigen Gäste selten etwas am Buffet zurück und sprengten jede großzügige Kalkulation. Am dritten Morgen postierte sich der pfiffige Gastronom unauffällig am Rande des Frühstücksraums. So konnte er tränenden Auges mit ansehen, wie fast alle Gruppenreisenden Brötchen schmierten als gelte es, Vorräte für mehrere Tage anzulegen. Der gute Mann ging nach fünf Minuten in die Küche und kehrte mit einer Rolle haushaltsüblicher Frischhaltefolie zurück. Derart „bewaffnet" steuerte er den Tisch an, auf dem eine Frau einen wahren Berg Brötchen und Äpfel hortete.

„Darf ich Ihnen etwas zum Einpacken reichen", ließ sich der Hausherr laut und deutlich vernehmen. Jedes geistig normale Buffet-Krokodil wäre in diesem Moment vor Scham im Fußboden versunken. Nicht so die Dame! „Das ist aber lieb von Ihnen", säuselte sie statt dessen. Der Eigentümer des Tagesproviants rollte sogleich ein ca. 60–70 cm lange Stück Folie ab und präsentierte es mit den Worten: „Reicht Ihnen das?"

In einem in Deutschland eher nicht so gut gelittenen landsmannschaftlichen Slang war ein „Aber sicher doch" zu hören. Obwohl der Hotelier bereits seine blutunterlaufenen Augäpfel rollte, was bereits für Sehgeschädigte aus größerer Entfernung gut zu erfassen war!

„Würden Sie mir zustimmen, dass die Folie etwa 70 cm lang ist?" Seitens der Brötchenliebhaberin waren Laute hörbar, die als Zustimmung gedeutet wurden. „Da der laufende Meter Folie bei mir 10 Euro kostet, bekomme ich somit von Ihnen 7 Euro. Bar und sofort, bitte!"

Selten sind Gesichtszüge derart entgleist. Wütend kramte die ertappte Diebin Kleingeld aus ihrer Börse, während alle übrigen Pauschal-Terroristen ihre Beute zurück ließen und schleunigst das Weite suchten.

Bis zur Abreise der beiden Reisegruppen kam der Hotelier allmorgendlich mit zwei Dritteln der sonst benötigten Brötchenzahl aus.

Der Eier-Schock

Das Frühstücks-Buffet war ab 7 Uhr eröffnet. Nur zehn Minuten später trudelte der Reiseleiter einer 45-köpfigen Gruppe ein. Noch bevor er sich setzen konnte, kam ein aufgeregt gestikulierender Hotelier raschen Schrittes auf ihn zugelaufen und nahm ihn beiseite. Er wurde gebeten, doch mal die Häupter seiner Lieben zu zählen.

25 Brötchen-Esser und Kaffee-Trinker machte der seine Blicke schweifen lassende Reiseleiter aus. Der immer noch Nichtsahnende wurde sodann zum Buffet gezogen und auf den großen Korb mit den Frühstückseiern hingewiesen. Er war leer! Schlag 7 Uhr, so der Hotelier, hätten sich dort 70 gekochte Eier befunden.

Der Reiseleiter schien den Rest des Tages Schnappatmung zu haben.

„Da fehlt noch etwas!"

Nicht selten sind Hoteliers auf deutsche Pauschal-Terroristen bestens vorbereitet. Sie wissen, dass freundliche Hinweise nur noch selten fruchten. Keine kulinarischen Reserven für den ganzen Tag aus dem Frühstücksraum zu entfernen, gehört längst nicht mehr zum guten Benimm.

So ist vor allem in Südeuropa gelegentlich die Gangart härter geworden. Am Eingang wird meist ein Zerberus platziert, der penibel darauf achtet, dass keine Taschen, Rucksäcke oder Beutel herein getragen werden. Gelingt es professionellen Frühstücksdieben dennoch, müssen sich diese wohl oder übel am Ausgang einen Blick in ihre diversen Behältnisse gefallen lassen.

Der freundlichen, aber nachhaltigen Aufforderung des Kellners, einen Blick in die Handtasche werfen zu dürfen, begegnete eine Touristin an der spanischen Mittelmeerküste mit Zeter und Mordio. Das Gezeter wurde erst leiser und verstummte schließlich als das Wort „Polizei" fiel. Wutschnaubend übergab die Frau ihre Tasche an den Kellner. Es fanden sich neben belegten Brötchen und Äpfeln auch abgepackte Snacks. Dem freundlichen Satz „Einen Moment –

da fehlt noch etwas" folgte umgehend ein Griff des Kellners zur auf dem Tisch nebenan stehenden Kaffeekanne – und schon schoss wenigstens ein halber Liter heißer Kaffee in die Handtasche. Das entsetzte Gesicht der Frau: Unbezahlbar!

Carabinieri auf nüchternen Magen

Eine kleinere Reisegruppe, die jeden Tag in den Südtiroler Bergen wandern ging, deckte sich allmorgendlich mit „Lunchpaketen" ein als ob eine Hungersnot angekündigt worden wäre. Die Wanderer hatten jedoch bereits einen Preis für Übernachtung und Frühstück ausgehandelt, der die Herbergs-Wirtin fast erwürgte.

Am zweiten Morgen schwoll der Italienerin mehr und mehr die Halsschlagader als sie sah wie rasch sich ihr reichlich gefüllter Brotkorb am Buffet leerte. Wie immer saßen zu dieser Zeit zwei Carabinieri in einem Nebenraum und tranken dort ihren Cappuccino. Sie hatten unweigerlich mitbekommen, worüber sich die Hausherrin so echauffierte.

Als sichtbar wurde, dass die ersten Frühstücksgäste sich zum Aufbruch rüsteten, standen die beiden Uniformierten plötzlich auf und gingen einen Raum weiter. An beiden Türen postierte sich je einer der groß und kräftig gewachsenen Carabinieri. Obwohl keiner der beiden auch nur ein Wort von sich gab, gingen alle Wandersleute an diesem Morgen ohne Wegzehrung. Sie waren bei diesem Anblick wohl für den Rest des Tages bereits satt.

Rohes Ei an weicher Birne

Es gibt bekanntlich viele Möglichkeiten, ein Frühstücksei zu kochen. Üblicher Weise erledigen das in den meisten Hotels dienstbare Geister. In eher seltenen Fällen überlässt man diese Arbeit jedoch auch schon mal dem Gast. Meist finden sich dann auf dem Buffet rohe Eier und daneben ein Behälter mit siedendem Wasser.

Vielen Gästen ist es ein regelrechter Spaß am Morgen, ein solches Ei mit einem wasserfesten Filzstift unverwechselbar zu bemalen, bevor es in einem kleinen Gitterkörbchen ins heiße Wasser abgesenkt wird. Der Vorteil dieser Methode: Stets wiederkehrende Lamenti in Sachen „zu weich" oder „zu hart" entfallen.

Das beschriebene Verfahren wird selten von Pauschal-Terroristen missverstanden. Aber wenn, dann sehr gründlich. Wie oft üblich, so steckte auch ein Herr jüngeren Geburtsdatums zwei Eier als Wegzehrung für einen Tagesausflug mit dem Reisebus in seine Jackentasche. Nach einem Museumsbesuch am späten Vormittag kam dann der kleine Hunger.

„Ich werde jetzt mein Vesper-Ei köpfen", sprach der Herr zu seiner Angetrauten und schlug ihr im selben Moment ein solches auf den Kopf. „Waschen Sie sich jetzt mit Ei-Shampoo die Haare" und „Eierkopf" waren noch die mildesten Kommentare der Mitreisenden als der Gattin des völlig entgeistert dreinschauenden Eier-Diebs all das die Wangen hinunter lief, was nicht in den Haaren kleben geblieben war.

Der wackere Eierdieb wird wohl den Rest seines Lebens das Eierkochen nach der Methode im Hotel gelernt haben. Vielleicht wird ihm sein Eheweib bis zur Goldenen Hochzeit auch verziehen haben. Als sicher kann dies nicht gelten.

Diabetiker in Scharen

Der Flieger aus Deutschland hatte in Südeuropa gerade wieder eine Schar Pauschal-Terroristen abgekippt, da saßen die ersten 44 von ihnen auch schon im Hotelbus. Die Standort-Reiseleiterin erklärte übers Mikrofon griechische Sitten und Gebräuche und kam dann aufs Essen im Hotel zu sprechen. Unter anderem bat sie herzlich darum, vom Frühstücks-Buffet nichts mit an den Strand bzw. auf Touren mitzunehmen.

Sofort wurde sie von einer im Mittelgang aufgebracht nach vorn stürzenden Dame unterbrochen, die lautstark das vermeintliche Zauberwort „Diabetiker" artikulierte. Sie müsse am Vormittag zwingend etwas essen, womit eine Essensmitnahme unumgänglich wäre. Die Vertreterin des Veranstalters fragte sogleich in die Runde, wen es denn noch beträfe und registrierte weitere drei erhobene Arme.

Während des Check-in im Hotel erklärte sie nach Rücksprache mit dem Restaurant den vier Diabetikern, dass sie sich gern eine Kleinigkeit für unterwegs mitnehmen können.

Die Restaurant-Bediensteten registrierten am nächsten Morgen sehr erstaunt, dass in der 44-köpfigen Reisegruppe sage und schreibe plötzlich 26 an Diabetes litten und beharrlich darauf pochten, Essen einpacken zu können. Leider kein wirklicher Einzelfall in der Branche!

Einmal fremdschämen bitte

Reiseleiter, die mit ihren Gruppen häufiger ein und dasselbe Hotel ansteuern, bauen im Laufe der Jahre oftmals sehr persönliche Bindungen zu den Eigentümern bzw. Betreibern auf. Man kennt sich, man schätzt sich. Mitunter wird es sogar richtig familiär.

Es trug sich in der schönen Toskana zu, dass einer dieser touristischen Dienstleister gelegentlich auch mit seiner Familie in der Nebensaison bei einem ihm gut bekannten Hotelier hin und wieder Quartier nahm. Als er wieder einmal samt Reisegruppe dort ankam, lief ihm der sehr gut Deutsch sprechende Besitzer bereits mit ausgebreiteten Armen zur Begrüßung entgegen (der Parkplatz für Autos und Reisebusse war für ihn in diesem Moment nicht einsehbar):

„Ich freue mich, dich zu sehen. Bist du mit der Familie unterwegs oder hast du deine Diebesbande dabei?" Der Reiseleiter versank förmlich vor Scham im Asphalt.

Das falsche Pärchen

Es ist durchaus Sitte und Brauch, dass Reisebusfahrer an Raststätten europaweit kostenlos verköstigt werden. Wenn eine entsprechende Zahl Reisender auf dem Fuße folgt, gilt dies auch für Reiseleiter. Das ist kein Geheimnis, sondern meist auch viel gereisten Guste und Guffi wohlbekannt.

An einem schönen Frühlingsmorgen füllte sich der Parkplatz einer Autobahn-Raststätte binnen weniger Minuten mit einem Dutzend Reisebussen, darunter drei von ein und demselben Unternehmen. Sowohl Reisegäste als auch Busfahrer und Reiseleiter strebten der Gastronomie und den Toiletten entgegen. An der Kasse fand sich einer der Buspiloten hinter einem Ehepaar ein, dass seine Tabletts reichlich beladen hatte. Brunch statt Frühstück.

Der Kassiererin schallte ein fröhliches. „Das ist für Busfahrer und Reiseleiterin von Unternehmen XY" entgegen. Dem Hintermann, der selbst für eben jene Firma unterwegs war, entgleisten daraufhin sämtliche Gesichtszüge. Als sich der leibhaftige Busfahrer wieder gefangen hatte, klärte er den „Irrtum" auf, worauf die versteinerte Frau an der Kasse postwendend ihren Chef herbei rief.

In einem hitzigen Redeschwall gab ein Wort das andere. Das Pärchen beharrte auf seiner Version, der Geschäftsführer auf der umgehenden Bezahlung von Speis und Trank. Der Disput endete vorläufig damit, dass der Herrscher über die Gastronomie sein Handy zückte, um die Polizei zu rufen. Von der Lautstärke angelockt, war inzwischen auch die richtige Busbesatzung an der Kasse angelangt, für die die beiden Nassauer sich ausgaben.

Die unschöne Episode fand im Bezahl-vorgang von Guste und Guffi seinen Abschluss. Deren Zähne hörte man weithin knirschen. Ob sie im weiteren Reiseverlauf Anlass für neue Aufreger gaben, ist mir nicht überliefert worden.

Brötchen-Bombardement

Lieber Pauschal-Terrorist, es gibt Momente, da fühle ich selbst mit dir mit. Einer Reiseleiterin erging es in Italien ähnlich. Die Brötchen am Morgen hatten eine Konsistenz, die an alles Mögliche erinnerte – nur nicht an ehrliches Bäcker-handwerk und Frische.

Nachdem das steinharte Backwerk bereits einige Tage für Unmut gesorgt hatte, kam es folgerichtig zum Eklat. Diverse Reklamationen hatten nicht gefruchtet, so dass die resolute Dame an der Spitze einer Reisegruppe zur furchtbaren Tat schritt. Sie ergriff energisch Besitz vom Brötchenkorb und trug diesen in die Küche. Das völlig verdutzte Personal erlebte sodann ein wahres Trommelfeuer: Mehrere Dutzend steinharter Brötchen prasselten auf die arglosen Italiener hernieder.

Es war wie beim beliebten Kinderspiel „Schiffe versenken“: Treffer, Treffer, Treffer – und versenkt. Doch knackig frische Brötchen fanden sich an den folgenden Tagen trotzdem nicht im Korb am Buffet. Statt dessen aber immerhin genießbares Weißbrot nebst Toast.

„Die spinnen, die Römer!"

Egal, wo du im Urlaub auch bist: Verleugne niemals deine deutsche Herkunft! Ich erkläre es dir am Beispiel Italien. Dort hast du mannigfaltig Gelegenheit, dich zu blamieren. Nutze das ausgiebig. Sieh ganz locker über Sitten und Gebräuche hinweg wie weiland Obelix und sage dir: „Die spinnen, die Römer!"

Bestelle am besten eines der in deinen Augen typischsten Gerichte zwischen Sizilien und Südtirol: Pasta. Was willst du auch mit so fremdländisch klingenden Gerichten wie „Misto di carne" (wie das erste Wort schon klingt?) oder „Saltimbocca alla Romana" anfangen? Denke immer daran: Was der Bauer nicht kennt, das isst er nicht. Aber Pasta oder Pizza kennt schließlich jeder. Selbst du.

Als zivilisierter Teutone ahnst du, dass die Tifosi die Spaghetti früher mit den Hände aßen. Der Umstand, dass sie inzwischen immerhin die Gabel dazu benutzen, kann lediglich heißen, dass sie einen kleinen Schritt in die Höhen unternommen haben, in denen du dich längst bewegst.

Von Kindesbeinen hat man dir beigebracht, mit Messer und Gabel zu essen. Also besteht kein erkennbarer Grund, diese fürchterlich langen und dünnen Nudeln nicht mit dem kompletten Schanzzeug zu vergewaltigen.

Deine Guste könnte es mit einer weiteren, bei deutschen Pauschal-Terroristen sehr beliebten Methode versuchen: Die Spaghetti mit der Gabel auf dem Löffel aufdrehen. Spätestens jetzt wird euch der Kellner Deutsch ansprechen, wenn er eurer Muttersprache mächtig sein sollte.

Du hast „Don Camillo und Peppone" gesehen? Dämmert es? Nein? Ich lasse den Film extra für dich nochmals ablaufen: Hochwürden saß nicht stocksteif auf dem Stuhl, sondern beugte sich tief hinab zum Tisch. Der Kopf war nur wenige Zentimeter vom Teller entfernt und die Spaghetti hingen wunderschön aus dem Mund heraus.

„Die Nudel" von Loriot nachzuspielen, würde dir ebenfalls die Bewunderung italienischer Gastgeber einbringen. Statt ein vernünftiges Trinkgeld zu geben, kannst du natürlich (aber bitte dezent!) auch die Küche entlasten – und deinen Teller ablecken. Das hat so etwas Ordentliches, weißt du. Dolce, also eine Süßpeise, bekommt dir nicht. Weder nützt es deiner Figur, noch sind Tiramisu oder Sahneeis deiner Diabetes zuträglich.

Falls du bis jetzt alles falsch gemacht hast, ist jetzt zur Offenbarung deiner deutschen Identität Klarheit angesagt: Bestell dir einen Cappuccino nach dem Essen! Gib bloß nichts drauf, dass der Italiener in diesem Falle sagen würde: Non si fa (das macht man nicht). Denn der Koch könnte den Cappuccino als Zeichen deuten, dass du nicht satt geworden bist. Denn dieser schöne, aber fette Milchschaum obenauf ist eigentlich in Italien nur am Morgen angesagt. Aber das ist noch lange kein Grund, dir deshalb einen Espresso zu bestellen.

Wirkliche Probleme wirst du als Teutone in Italien in gastlichen Häusern sehr selten bekommen – so lange du es nicht übertreibst. Anderenfalls wundere dich im Lande von Cosa Nostra und Camorra nicht, wenn der Kellner dann doch mal mit der Lupara (abgesägte Schrotflinte) vor dir steht. Das wäre dann der Fall, wenn du durch dein Benehmen dazu beigetragen hättest, dass seine Oberschenkel zu stark schmerzen: Weil sich das Messer in seiner Hosentasche permanent selbstständig geöffnet hat.

Reisende Münchhausen

Zu den ganz perfiden Methoden, nicht nur touristische Dienstleister, sondern auch Mitreisende um den allerletzten Verstandesfunken zu bringen, gehört die dauerhafte Preisgabe deiner ganz individuellen Reise-Erfahrungen. Experten-Wissen ist stets gefragt – sei auch dann zur Stelle, wenn du gar nicht gefragt bist. Präge dein Prahlhans-Bedürfnis von Reise zu Reise immer weiter aus. Schließlich hast du ja fast alle Kontinente dieses Planeten bereits heimgesucht. Zumindest warst du bereits mit dem Zeigefinger auf dem Globus unterwegs.

Leite deine Erzählungen so ein, dass alle dich umgebenden Ohren sofort auf Empfang gestellt werden: „Letztes Jahr in der Südsee" kommt immer gut. Das Wortpaar „Bora Bora" lässt definitiv alle aufhorchen. Uneingeschränkte Aufmerksamkeit ist dir auch dann sicher, wenn du deine langen Monologe mit „als wir wieder mal auf den Seychellen waren" beginnst.

Wenn dein lächerliches Imponiergehabe dann immer noch tapfer ignoriert wird: „Meine Zeit in Südamerika" bringt dich weiter voran als irgendwelche tatsächlichen oder geschwindelten Dschungel-Trips. Dass du an der Copacabana lediglich 14 Tage lang deinen Hüftspeck gebräunt hast, muss ja außer dir niemand wissen.

Lass deine Mitreisenden – vorzugweise zu den Mahlzeiten – an all deinen tierischen Erlebnissen teilhaben. Berichte in möglichst bildhafter Sprache von allem, was jemals durch dein Hotelzimmer und das Bad krabbelte. Erzähle von Monster-Schaben, Kakerlaken-Invasionen und dem Horror, als am Strand die Sandflöhe massenhaft über dich herfielen.

Natürlich findet sich auch jede Menge „Literatur", wo du Anleihen aufnehmen und die Papier gewordenen Beschwerlichkeiten Dritter in der Ich-Form kolportieren kannst. Auch diverse Fernseh-Formate eignen sich inzwischen gut, der Reise-Branche richtig eins auszuwischen. Du hast es meist mit Analphabeten und TV-Abstinenzlern zu tun, also nutze deine Chance als Märchen-Erzähler.

Appetits-Häppchen

Mache deinen Mitreisenden doch einmal ordentlich Appetit: Irgendwo auf hoher See im Mittelmeer findet sich bestimmt eine passende Gelegenheit dazu, im Liegestuhl Ruhenden das nächste Dessert auf dem abendlichen Buffet schmackhaft zu machen. Schwärme doch einfach von Tiramisu oder Zabaione und streue so ganz nebenbei das Wort „Salmonellen" ins Gespräch ein.

Die sicherste Methode, von einem festlichen Buffet sämtliche Krustentiere abzubekommen, ist ein halblautes Gemurmel über Fischvergiftungen. Oder lass andere daran teilhaben, was durch den Genuss von Austern so alles passieren kann. Du könntest natürlich auch den Appetit deiner Mitreisenden durch das eine oder andere Horror-Märchen über den Fischfang in Grenzen halten. In Sachen Lachs oder Thunfisch gibt es da wirklich haarsträubende Storys, die du zum Besten geben könntest!

Erzähle deinen Mitkämpfern am Buffet, wie die Mischung aus frischer Kuhmilch und Rinderblut im fernen Kenia schmeckte und garniere das Ganze mit ausschweifenden Schilderungen asiatischer Köstlichkeiten. Du hast zwar erst zwei lebendige Ratten je in deinem Leben gesehen, aber das sollte dich nicht daran hindern, von gegrillten Exemplaren in Thailand zu schwärmen.

Du wirst erleben, wie man dir förmlich an den plappernden Lippen hängen wird. Jetzt ist der Zeitpunkt gekommen, richtig Gas zu geben. Rufe deinen Mitreisenden diverse Dioxin-Skandale in Erinnerung. Kläre sie auf, dass dieses Gift bereits in Futtermitteln von Geflügel- und Schweinezuchtbetrieben anzutreffen war: Die nächsten Schweine-Medaillons und Hähnchen-Filets kannst du garantiert allein essen.

Wenn es am Vorabend leckere Salate gab, die mit Majonäse angemacht waren: Berichte deinen Tischnachbarn zum Frühstück von deinem nachts plötzlich einsetzenden Durchfall. Wenn sie nicht sofort weit aufgerissene Augen haben, dann lass sie wissen, dass du erbrechen musstest und starke krampfartige Bauchschmerzen dich seit Stunden plagen. Spätestens jetzt isst dir keiner mehr irgendetwas weg, was auch nur nach Majonäse aussieht.

Vermiese deinen Mitreisenden den Wein-Genuss. Du kannst dich dazu ja einschlägiger Skandale aus den 1980er bedienen. Was glaubst du, wie schnell andere vom guten Rebensaft Abstand nehmen, wenn die die Vokabeln „frostsicher" und „todsicher" fallen lässt. Spätestens dann erinnern sich alle, die früher als 1965 geboren sind.

Am letzten Abend einer Kreuzfahrt könnte auf dich und andere Passagiere gut und gern eine leckere Eisbombe warten. Lecker? Kurz bevor diese wunderkerzengeschmückten Ungetüme herein getragen werden, solltest du dein Wissen um Enterobakterien platzieren. Sei ein Aufklärer für alle anderen Passagiere! Beweise dich als allwissender Hygiene-Experte. Deine Nachricht, dass bei Lebensmittelkontrollen in sehr seltenen Fällen zu viele Fäkalkeime in Speiseeis gefunden werden, schlägt ein wie eine Bombe. Während alle anderen jetzt schwer ins Grübeln kommen, kannst du dich ganz gelassen der Eisbombe widmen.

Lichtbildner unterwegs

Alle Sympathien deiner Mitreisenden sind dir gewiss, wenn du unter Beweis stellst, welch großartiger Profi-Fotograf du doch bist. Rufe deiner herzallerliebsten Guste unterwegs ständig „Nun setz doch endlich mal dein schönstes Lächeln auf" zu, während du unentwegt den Finger auf dem Auslöser hast.

Dirigiere deine Angetraute auf Mallorca oder vor der Sagrada Familia so lange in die beste Position für den ultimativen Schnappschuss, dass auch der letzte spanische Macho bemerkt, wie toll du deine Guste im Griff hast. Dass dein Stadtführer die ganze Zeit spricht, sollte dich ebenso wenig von deinem Tun abhalten wie genervte Blicke.

Lege dich da richtig ins Zeug! Die besten Bilder entstehen, wenn du auf dem Asphalt der Straße oder dem Pflaster eines Gehsteigs liegst. Du weißt schon: Außergewöhnliche Perspektiven machen erst den Profi aus. Quietschende Bremen der Autos oder waghalsig ausweichende Radfahrer zeigen dir an, dass du alles richtig machst.

Egal, wo du auf diesem Planeten unterwegs bist, nimm dir eine alte Prüfungs-Weisheit von Kameraleuten zu Herzen: Kind und Tier – bringt niemals Schulnote 4. Deine Guste mit einem indischen Kleinkind auf dem Arm bringt dir ebenso viel Bewunderung ein wie ein gemeinsames Konterfei von dir und einem Kamel in Nordafrika.

Bei Städte-Trips muss natürlich unbedingt ein Polizist mit aufs Bild. Vorher um Erlaubnis zu fragen kostet zwar nichts, ist aber komplett überflüssig für dich. Falls du an Gebäuden vorbei schlenderst, in denen die Staatsmacht von Uniformierten wohl behütet wird: Stell Guste ungefragt neben sie und rücke auf den Auslöser. Manchen Orts beschert dir das nachhaltigen Urlaubs-Spaß.

Wenn du deinen Urlaub partout ent-scheidend abkürzen willst, empfehle ich dir an Grenzübergängen, auf dem Rollfeld oder nahe militärischer Anlagen das beste Foto zu schießen. Dann kennst du nicht nur landestypische Hotels, sondern sehr wahrscheinlich auch ungastliche Häuser, in denen Kost und Logis kostenlos sind.

Nur wirklich beeindruckende Bilder (oder auch Videos) sind es, die daheim dann von Verwandten, Freunden oder Nachbarn gehörig bewundert werden. Also versuche auch das schier Unmögliche!

Du solltest damit nicht lange warten. Bilder und Videos bearbeitet man gleich unterwegs. Bringe zum Abendessen deine Digital-Kamera mit. Wenn du auch einen Laptop mitgeschleppt haben solltest – umso besser. Das Kabel des Netzteils verlegst du von der Steckdose zum Tisch am besten so, dass möglichst viele drüber stolpern können. Bei dieser Gelegenheit kannst du dann sehen, dass die Knochen manches stürzenden Mitreisenden gar nicht so morsch sind wie sie oftmals aussehen.

Weißglut – leicht entfacht

Egal, was dir so alles an Gutem unterwegs widerfahren ist: Bringe das Reiseunternehmen unbedingt nach Ende deines Urlaubs so richtig in Verruf. Wenn schon weder Reisegutschein noch Preisminderung dabei herauskommen, so kann doch nicht sein, was niemals sein darf – dass dein Urlaub rundherum schön war und du auch das bekamst, was du bezahlt hast.

Denke daran: Zufriedenheit ist kein erstrebenswerter Zustand für dich. Nur als ewiger Nörgler wirst du entscheidend wahr genommen. Und: Man erinnert sich deiner bösartigen Unterstellungen auf lange Sicht.

Das perfekte, durch Fakten schwer widerlegbare Gerücht ist dein Stilmittel. So erweckst du Mitleid bei allen, die dir zuhören – und hast es denen, die dich sicher von A nach B brachten, verköstigten und 24 Stunden umsorgten, mal so richtig gegeben.

Ein erstklassiges Beispiel dafür, wie du dafür sorgen kannst, dass deine üble Nachrede wie eine Bombe einschlägt, gibt dir eine Unternehmerin aus Bayern. Wobei deiner eigenen (schmutzigen) Fantasie natürlich keinerlei Grenzen gesetzt sind.

Der Busreise-Unternehmer, bei dem die Dame bereits mehrfach gebucht hatte, wunderte sich sehr, warum seine Reiseanmeldungen stetig zurück gingen. Auf hartnäckige Nachfrage bei ehemaligen Gästen erfuhr er, dass dies daran liege, dass man nicht gewillt sei, Tausende von Kilometern in einem **Stadtbus** zurückzulegen. Die Nachricht traf den Unternehmer wie ein Faustschlag, setzte er doch seit Jahren ausschließlich Fünf- und Vier-Sterne-Reisebusse ein!

Mühselig recherchierte der frustrierte Mittelständler die Quelle allen Übels und stellte schließlich die Gerüchte-Verursacherin in ihrem Geschäft zur Rede. Die aufgebrachte Dame polterte auch sogleich los: „Es ist eine bodenlose Sauerei, was Sie da mit uns gemacht haben! Zwei Wochen sind wir mit einem Stadtbus durch ganz Kroatien gefahren worden.“

Der berühmte Groschen bei dem völlig verdutzten Reiseveranstalter wollte und wollte nicht fallen. Die aufgebrachte Ex-Kundin in ihrem langen Redeschwall stoppend, fragte er nur: „Wie kommen Sie denn überhaupt auf die Idee, der eingesetzte Vier-Sterne-Bus könnte ein Stadtbus gewesen sein?"

Die Antwort folgte in einem wahren Schreikrampf: „Es stand doch ganz groß vorn am Bus geschrieben! Mein Mann arbeitet bei einer amerikanischen Firma und kann sehr gut Englisch. Daher weiß ich: **City** heißt Stadt und **line** Linie, ganz klarer Fall von **Stadtbus**, dieser **Cityliner**!"

So – und nur so – bringst du Reise-dienstleister nicht nur ins Grübeln, sondern zur schieren Verzweiflung. Und bist dem perfekten Pauschalterroristen wieder einen Schritt näher gekommen. Aber dazu gehört noch viel mehr:

Derzeit sehr beliebt bei Deinesgleichen sind Klagen über die Anwesenheit russischer Urlauber im Hotel. Vollendete Pauschal-Terroristen ziehen deshalb sogar vor Gericht. Aber selbst wenn 80 Prozent der übrigen Gäste Russen sein sollten, ist dies kein Reisemangel. Ein Landgericht schrieb sowohl Klägern als auch dir ins Stammbuch, dass mit Gästen anderer

Nationalitäten grundsätzlich gerechnet werden muss – vor allem im Ausland.

Solltest du mal wieder deine Stadtführer oder sonstigen Reisebegleiter madig machen wollen: Verkneife dir Attribute wie „unhöflich, „rüpelhaft" oder „unmöglich". Juristen sehen darin lediglich subjektive Werturteile, keinen Reisemangel! Da musst du schwereres Geschütz auffahren. Nimm dir ein Beispiel an all jenen, die penibel den Wortlaut jedes Satzes, den ein Dienstleister von sich gibt, ins Reisetagebuch stenografieren.

Staubflusen im Hotelzimmer sind ebenfalls kein Reisemangel. Es lohnt also nicht, bäuchlings durchs Zimmer zu robben und mit der Taschenlampe jeden Winkel erhellen zu wollen. Auch wenn die Bettwäsche nicht so oft gewechselt werden sollte, wie du dir das vielleicht wünschst, gibt es nicht automatisch Geld zurück. So urteilte zumindest ein Amtsgericht.

Falls du mit deiner Guste mal ein Ferienhaus oder Appartement gemietet haben solltest: Ein paar Hundehaare auf der Terrasse sind noch kein wirklicher Grund, einen Rechtsanwalt in die Spur zu schicken. Die Erfolgschancen liegen bei Null. Und wenn bei der Anreise die Bratpfanne nicht zu deiner Zufriedenheit gereinigt gewesen war, stößt du auch damit auf stocktaube Richter-Ohren. Es könnte im Klagefall gut sein, dass auch dir ein Amtsrichter – wie bereits geschehen – ins Urlaubsbuch schreibt, dass kochen und essen in der Küche nicht Anlass der Reise gewesen sein können.

Mitreisende
Missverständnisse

Die Formulierungen in Reise-Katalogen sind vielfältig, aber stets eindeutig. Dem Pauschal-Terroristen verbleibt vielfach auf Reisen ausreichend **Freizeit**. Ein Begriff, den Guste und Guffi gern und oft gründlich missverstehen (wollen). An gedruckten Reiseführern, guten Ratschlägen touristischer Dienstleister und Tipps von Reiseleitern herrscht kein Mangel.

Fremdenverkehrsbüros werden von Pauschal-Terroristen selbst dann geflissentlich übersehen, wenn sie direkt davor stehen. Die große Freizeit-Mauer ist für sie das, was für den Ochsen das neue Tor ist.

Auf eigene Faust sind Guste und Guffi weder willens noch in der Lage, etwas zu unternehmen. Wenn es zusätzlich Geld kostet, schon gar nicht. Bereits die Aussicht, sich außerhalb einer großen Gruppe an fremdem Ort bewegen zu müssen, treibt ihnen den kalten

Angstschweiß auf die Stirn. Ein absolut altersunabhängiges Phänomen!

Oftmals ist es wie in guten alten Kindertagen: Wer auf Stadtführer und Reiseleiter nicht hören kann, muss fühlen. Mitunter sind es teure und lang erinnerliche Gefühle.

Das dämliche Trio

Üblicher Weise folgt fast jedem Stadt-rundgang eine angemessene Freizeit. Diese ist meist eher zu kurz als zu lang bemessen. In einer europäischen Metro-pole von Weltrang (UNESCO-Welterbe) waren dafür 75 Minuten vorgesehen. Wenig Zeit, ein Museum zu besuchen, geschweige denn, anschließend noch einen Espresso zu trinken. Dennoch genügend Zeit, um Sinnvolles zu tun.

Ein Damen-Trio (ich schrecke aus gege-benem Anlass auch nicht davor zurück, über ein dämliches Trio zu schreiben) stand am Ende der Stadtführung ziemlich verlassen auf dem wunderschönen Marktplatz. Der Rest der Gruppe zerstob in alle Winde. Auch die Stadtführerin verflüchtigte sich. Der Treffpunkt für alle Gruppenmitglieder war fünf Gehminuten vom Markt entfernt. Sehenswerte Museen oder einladende gastliche Häuser gab es en masse.

Nachdem die Stadtführerin eine Viertelstunde in der nahegelegenen Tourist-Information Bürokratisches erle-digt hatte, sah sie ihre ehemaligen „Schäfchen" brav auf einer Bank sitzen und fragte freundlich, ob diese nicht noch für sie Interessantes gefunden hätten.

Eine minutenlange Schimpfkanonade prasselte auf die freundliche Frau herein, die darin gipfelte, dass es „eine Zumutung" sei „herumhocken zu müssen".

Auf weitere Nachfrage erfuhr die Stadtführerin, dass man „ja alles bereits gesehen" habe und alle es statt der Freizeit eher vorgezogen hätten, im Hotelzimmer „zu hocken". Dort sei ihnen wenigstens nichts fremd.

Einbrecher willkommen

Nichts muss, alles kann, lautet die Devise vieler Veranstalter in Badeorten. Denn nicht jeder möchte täglich einen Ausflug mitmachen, sondern statt dessen lieber am Strand Pigmente haschen. Der geneigte Gast hat die Qual der Wahl. Optionale Ausflüge bieten die Möglichkeit, das nicht tun zu müssen, was man nicht möchte.

So zog auch ein Ehepaar in einem spanischen Ferienort das Bad im Mittelmeer einem Ausflug vor, denn man kannte das Ziel bereits. Die lokale Reiseleitung wünschte einen schönen Tag am Meer und bat, auf Wertsachen gut acht zu geben, da vermehrt Diebe am Ort ihr Unwesen trieben. Dann fuhr die Reisegruppe von dannen.

Als am späteren Nachmittag die Ausflügler zurückkehrten, schwante allen bereits nichts Gutes als sie das Pärchen in der Hotel-Lobby erblickten. Vom Weinen gerötete Augen, niedergeschlagen dreinblickende Mienen. Das verhieß keine angenehmen Neuigkeiten!

Es stellte sich heraus, dass dem Ehepaar so alles gestohlen worden war, was man im Urlaub dringend benötigt: Sämtliche Dokumente, ec- und Kreditkarten sowie das Bargeld bis zum letzten Cent. Die Polizei hatten sie gar nicht erst benachrichtigt, denn: „Wir hatten die Terrassentür offen gelassen."

Der Reiseleiterin fiel dazu wirklich nichts mehr ein.

Bargeld adé!

Zwei Tage darauf startete die Reiseleiterin vom gleichen Ort mit der gleichen Gruppe zum nächsten Ausflug. In Sachen Diebstahl hätten alle Mitreisenden gewarnt sein müssen. Einziges Tagesziel war ein nahegelegenes Kloster. Einer zweistündigen Führung folgten drei Stunden Freizeit für alle.

Nachdem alle Ausflügler wieder im Bus Platz genommen hatten, folgte der Offenbarungseid eines allein reisenden Herrn: „Mir wurden 900 Euro geklaut!" Guffi hatte die ganze Zeit nichts bemerkt. Erst als ihn ein dringendes menschliches Bedürfnis überkam, suchte er seine Geldbörse vergeblich.

Warum man eine solche Menge Bargeld auf einen Tagesausflug mitnimmt und noch dazu in einer Handgelenktasche deponiert, wird das ewige Geheimnis des Urlaubers bleiben. Zumindest weiß er für den Rest seines Lebens, wie fingerfertig spanische Taschendiebe sein können ...

Ende eines Russland-Traums

Die schwedische Hauptstadt gilt allgemein als sicher. Dennoch ist im Zentrum von Stockholm – wie auch anderswo in Metropolen - Taschendiebstahl nie völlig auszuschließen. Dass man in großen Menschenmengen nicht unbedingt einen für jeden Langfinger zugänglichen Rucksack auf dem Rücken tragen sollte, gilt als Allgemeingut auf Reisen.

Das hielt eine Frau dennoch nicht davon ab, all ihre Habseligkeiten im Rucksack spazieren zu tragen. Als es am späten Nachmittag auf die Fähre gen Tallinn ging, bemerkte sie den Verlust ihres Reisepasses. Die nächsten beiden Tage in der estnischen Hauptstadt verliefen tränenreich. Denn im Pass befand sich das für die Weiterfahrt nach Sankt Petersburg unerlässliche russische Visum!

Die bestohlene Frau musste ihren Ehemann allein weiterreisen lassen und sah diesen dann erst vier Tage später in Helsinki wieder. Der Umstand, dass sich glücklicher Weise im Reisegepäck anderswo noch ein Personalausweis befand, ermöglichte ihr wenigstens die Fährüberfahrt über den Finnischen Meerbusen. Auch bei Dokumenten gilt: Doppelt hält oft besser.

Souvenir, Souvenir

Feel you at home – fühle dich wie Zuhause. Das solltest du im Hotel oder in deiner Pension unbedingt wörtlich nehmen. Das gilt nicht nur dann, wenn du auf diesen oder einen ähnlichen Slogan triffst. Andere können nicht wissen, was **du** darunter verstehst. Zeige es ihnen! Reisen soll ja schließlich auch bilden. Nicht dich. Nur alle anderen! Sei deren Lehrmeister.

Wie es sich für gute Gastgeber geziemt, gibt es auch Gastgeschenke. Die werden dir aber nicht überreicht – nimm sie dir. Dein und mein unterscheiden zu können, ist auf Reisen nicht wirklich wichtig. Bei Kleinigkeiten sei großzügig.

Bevor du nach dem Check-in über anderweitige Beschäftigungen nachdenkst: Inspiziere zuerst dein Hotelzimmer auf sämtliche Gegenstände, die dir auch daheim nützlich sein könnten. An der Garderobe könnte beispielsweise ein Regenschirm hängen. Unter normalen

Umständen ist er dazu da, dir einen Spaziergang trockenen Fußes bei Regen zu ermöglichen. Du solltest ihn unbedingt testen. Falls er sich als alltagstauglich erweist – nimm ihn am Abreisetag mit!

Du brauchst dabei keine Gewissensbisse zu haben – du bist in bester Gesellschaft. Zahlreiche Umfragen unter hocherfreuten Hoteliers zeigten in den vergangenen Jahren, dass mehr als jeder zweite Gast schon mal etwas mitgehen ließ. Zwei von drei (67%) deutschen Reisenden geben zu, bei der Abreise schon mal Gegenstände aus dem Hotelzimmer eingepackt zu haben, ermittelte Tripadvisor. Fragt man bei den Hoteliers nach, bestätigt sich diese Aussage: 66 Prozent geben an, dass sich Gäste bei Handtüchern und Co. bedienen.

Für die Hoteliers sind Vorfälle dieser Art lediglich ein unwillkommenes Ärgernis. Mach dir nichts draus. Sieh das Ganze durch die kaufmännische Brille: Du zahlst für die Sünden deiner Vorgänger, deine Nachfolger löhnen für das, was du hast mitgehen lassen. Das ewige Geben und Nehmen. Außerdem mutmaßt du ja sowieso, dass es nicht die Ärmsten trifft. Wer sich eine Millionen teure Herberge bauen lassen kann, verkraftet selbstredend auch dein einnehmendes Wesen. Deshalb: Mit der Anzahl der Hotel-Sterne darf natürlich auch die Zahl deiner Souvenirs wachsen.

Wenn du zu den Profis gehören solltest, die Duschköpfe oder Lautsprecherboxen fachgerecht abmontieren – allein auf weiter Flur bist du nicht. Du hattest auch bereits Vorgänger, die den nichtsahnenden Hotel-Pagen den fein säuberlich verpackten Fernseher aus dem Hotelzimmer zum Taxi tragen ließen.

Solltest du, lieber Guffi, samt deiner Guste gemeinsam auf Reisen sein: Auch Teppiche und Läufer sind mitunter ganz brauchbar. Im Teamwork schaffen diese sich am besten weg. Nichts spricht dagegen, sie daheim zur Verschönerung des tristen Fußbodens in Garage oder Wochenendhaus zu nutzen.

Deinen Flur könnten sie ebenfalls zieren und sei es nur, dass deine Gäste ihr Schuhwerk darauf platzieren, bevor sie bei dir in Strümpfen laufen dürfen. Du weißt schon: Die gute Stube muss geschont werden, du tust das ja auswärts schließlich auch.

Mit schönen Bildern an den Wänden, die dein Auge auch fern ihres angestammten Platzes erfreuen könnten, ist es so eine Sache: Viele Hotels sind dazu übergegangen, die Demontage zu erschweren oder ganz unmöglich zu machen. Nur als versierter Heimwerker solltest du dich an schwierigen Fällen versuchen.

Wenn dir beim nachmittäglichen Kaffeetrinken auf der Sonnenterrasse die Zuckerdose oder das Milchkännchen gefallen sollten: Steck sie ein! Das erspart zeitaufwändiges Suchen in irgendwelchen Souvenirläden. Nimm solche Kleinigkeiten aber erst mit, wenn du bereits gezahlt hast. Das impertinente Personal hat in Touristen-Hochburgen längst die unangenehme Sitte entwickelt, unauffällig aus den Augenwinkeln beim Bedienen zugleich Inventur zu machen.

Was auf gar keinen Fall im Hotel zurück bleiben darf: Originelle und flauschige Handtücher. Ein Duschvorleger tut es notfalls auch. Falls ein Monogramm drauf ist – umso besser. Nimm am besten für die Kinder und Enkel auch noch etwas mit. So können sie später an deiner Reise teilhaben, ohne dabei gewesen zu sein. Bloß keine falsche Zurückhaltung: Mindestens jeder zweite Urlauber hat irgendwann schon mal Derartiges mitgehen lassen.

Falls vorhanden, darf der Bademantel auch seinen Weg in deinen großen Koffer antreten. Allerdings muss ich dir sagen, dass ein findiger Amerikaner einen waschbaren Chip erfunden hat, der Diebstähle unweigerlich melden würde. Sei aber sicher, dass kleinere Häuser dieses Teufelszeug nicht nutzen werden.

Wenn du das bereitgestellte Duschbad nebst Shampoo und Bodylotion gleich nach erstmaligem Gebrauch unsichtbar machst, darfst du zu recht täglich auf Nachlieferung durch das Zimmermädchen hoffen. Mit etwas Glück kannst du so daheim auf den Einkauf im Drogeriemarkt eine ganze Weile verzichten. Kleinvieh macht Mist – de nächste Urlaub kommt bestimmt.

Die Fernbedienung für den Fernseher im Hotelzimmer taugt für noch viel mehr: Man kann so schön die Batterien entnehmen und anderweitig verwenden. Du musst da nichts befürchten, denn mit ein bisschen Glück kommt nach dir ein TV-Muffel, so dass der Diebstahl lange unentdeckt bleibt. Sollte es sich um eine Universal-Fernbedienung handeln: Steck sie ein. Du kannst nicht wissen, wie lange dein heimischer TV-Helfer noch durchhält, Ersatz ist immer gut.

Sehr ärgerlich für Pauschal-Terroristen wie dich ist der Umstand, dass viele Hotels in ihren Kleiderbügeln im Gegensatz zu dir keine kostenlosen Erinnerungsstücke sehen. Sie installieren immer häufiger Exemplare, die den Klau nicht lohnenswert bzw. unmöglich machen: Das obere Gegenstück ist fest mit der Kleiderstange verbunden.

Auch wenn du nicht zur schreibenden Zunft gehörst, solltest du dein häusliches Sekretariat um Schreibblöcke und Kugelschreiber jeder Art erweitern. Die Hoteliers freuen sich, wenn du noch möglichst lange in Erinnerungen an sie schwelgen kannst.

Wie du weißt, bildet Lesen. Was glaubst du, wozu die Tageszeitungen und Zeitschriften in der Hotel-Lobby da sind? Richtig! Du solltest sie für eine langen Tag unterwegs oder am Strand wortlos und möglichst elegant einstecken. Bringe deine Lektüre keinesfalls am Abend zurück. Nichts ist älter als die Morgen-Zeitung. Und niemand wird ernsthaft erwarten, dass du ein Wochen-Magazin an einem einzigen Tag zu Ende liest.

Nicht selten wirst du auf dem Nachttisch oder in einer Schublade im Hotelzimmer auch eine Bibel vorfinden. Diese solltest du in jedem Falle einstecken, damit du daheim zur passenden Stelle in der Heiligen Schrift um Vergebung bitten kannst.

Wahre Fundgruben

Du sollest auch großzügig im Geben von persönlichen Dingen sein. Irgendwas hat jeder bereits im Hotel oder in Bus, Bahn oder Flieger liegen gelassen. Sei kreativ dabei, sonst schaffst du es nicht auf die internationale Bestenliste!

Einfallslose vergessen ihre Sehhilfen, die Ladegeräte ihrer Mobiltelefone und der Laptops oder auch ihre Pyjamas. Wenn du dein weißes Feinripp-Unterhemd liegen lässt, kannst du in der Hitliste ebenso wenig punkten wie mit Socken aller Art oder deinem gewichtigen Schlüsselbund.

Auch wenn du deine Geldbörse, wichtige Dokumente (von Führerschein bis Personalausweis), deine Zahnbürste oder den Elektrorasierer liegen lässt, fällst du nicht aus dem Rahmen. Selbst der in der Schublade oder auf dem Waschbeckenrand liegen gelassene Ehering ist noch ein Normalfall.

Sei auch nicht gleich griesgrämig, wenn du deine 15 Euro billige südostasiatische

Rolex-Kopie irgendwo nach dem Händewaschen vergessen haben solltest. Die siehst du nie wieder. Dafür kannst du dich klammheimlich freuen, wenn du dir das dumme Gesicht des unehrlichen Finders vorstellst, der irgendwann die Fälschung bemerkt. Kauf dir beim nächsten Besuch auf einem Asia-Markt in Tschechien oder Polen einfach ein neues Exemplar (oder besser gleich zwei).

Um zu den größten Losern des Erdballs zu gehören, musst du dich schon ausgesprochen dämlich anstellen oder das Alzheimer-Gen in dir tragen. Seine Arm- oder Bein-Prothese zu vergessen – das hat schon eher was – und kam bereits vor. Dem Hotel-Personal bei der Abreise deine blöde Katze samt Katzenklo zu hinterlassen, hat ebenfalls irgendwie Stil. In die Geschichte der Vergesslichen kannst du damit nicht mehr eingehen, denn vorgemacht hat dir dies bereits ein Hotel-Gast. Verängstigte Schoßhündchen fand das Zimmermädchen auch schon hin und wieder unterm Bett. Also denke dran: Wo du bist, sollte auch dein Wauwau sein.

Sein Gebiss (oder Teile davon) im Hotelzimmer, im Reisebus oder im Flieger liegen zu lassen, reicht auch nicht, ins Guinness-Buch der Rekorde zu kommen. So etwas passiert weitaus häufiger als du glauben magst. Wenn du dir von deinem Anwalt den Entwurf einer Scheidungsvereinbarung mit der noch nichts ahnenden Gattin ins Hotel faxen lässt, bist du zwar selten dämlich, diese bei Abreise liegen zu lassen – aber in guter Vorgänger-Gesellschaft.

Auch Pauschal-Terroristen können Stil haben. Stehe zu deiner Glatze, wenn du eine hast. Toupets sehen so schrecklich aus. Aber wenn du schon eines trägst, dann lass es bitte im Hotelzimmer nicht ausgerechnet am Abreisetag zurück. Eine derartige Peinlichkeit würde dir jedoch nicht als erstem widerfahren.

So richtig unangenehm kann Vergesslichkeit für dich werden, wenn du deine Guste daheim arbeiten lässt, während du dich im Urlaub aalst. Solltest du bei amourösen Abenteuern beispielsweise auf Sex-Spielzeug stehen (Plüsch-Handschellen sollen sehr begehrt sein, flüsterten mir Zimmermädchen), dann gib dies am besten deiner Gespielin später mit – oder entsorge es diskret vor der Abreise.

Stelle dir vor, das Zimmermädchen ist die ehrliche Finderin und das Hotel schickt es dir an deine Heimatanschrift hinterher.

Sich das auszumalen, überlasse ich dir allein. Besser für dich ist es ebenfalls, mitgebrachte Porno-Zeitschriften und Aktfotos nicht im Zimmer zurück zu lassen. Zwar würde man sich möglicher Weise an dich Lustgreis erinnern, aber dass du beim nächsten Hotel-Aufenthalt gratis beglückt wirst, halte ich für ziemlich ausgeschlossen.

Falls du am Rhein zum Karneval inkognito kräftig gefeiert hast, vergiss bitte keinesfalls, deine Pappnase und dein Kostüm. Ansonsten könnte es nicht schaden, darauf zu hoffen, dass das Zimmermädchen diese Utensilien entsorgt. Stell dir das entsetzte Gesicht von Guste vor, wenn sie daheim das dir nachgesendete Paket öffnet, bevor du es in die Hände bekommst.

Ich hoffe für dich, dass nicht auf irgendeinem Flughafen einmal dein Koffer abhanden kommt. Falls er nicht wieder auftauchen sollte, wird er nämlich irgendwann meistbietend versteigert. Das schmerzvolle Gesicht derjenigen, die dann neue Eigentümer deines Gepäcks sind, würde mir ewig im Gedächtnis sein. Also pass auf deine Siebensachen gefälligst auf!

Das Kreuz mit der Kreuzfahrt

Lieber Kreuzfahrer, nun komme ich zu einem für dich schmerzlichen Thema, dem **Trinkgeld**. Es geht an dein Bestes, deinen Geldbeutel!

Wie oft hast du schon darüber gegrübelt, dass dir Reedereien mit Service-Entgelten etwas ganz Übles einreden wollen? Wie oft geisterte bereits das böse Wort Abzocke durch dein geistiges Oberstübchen?

Ja, beim Trinkgeld auf hoher See oder anderen Gewässern bist du – wie die meisten Teutonen – peinlichst berührt. Wie viele andere Passagiere hältst du Richtwerte und Empfehlungen für eine bodenlose Gemeinheit.

Von Zwang oder gar Erpressung sprechen du und deinesgleichen gern und oft. Dass sogar Juristen zuweilen an der Rechtmäßigkeit dieser Praxis zweifeln, ist dir wohl bekannt. Also muss doch was dran sein?

Du schimpfst schon bei der Buchung, es handele sich um neumodische Unsitten? Pustekuchen, mein Lieber! Zwangstrinkgeld hat eine viel längere Geschichte, als du glauben magst. Das Thema war bereits zu einer Zeit aktuell als es weder dich noch Kreuzfahrtschiffe gab:

Schon im Jahre 1882 beschrieb der Göttinger Rechtsprofessor Rudolf von Jhering in seinem Aufsatz „Das Trinkgeld" den Obolus für dienstbare Geister ganz allgemein als Unsitte und Unfug. Zwangstrinkgeld kritisierte er auch schon: Kutscher haben sich damals zusätzlich zum Fahrpreis noch ein bereits vorher fest vereinbartes Trinkgeld ausbedungen! Diese Methode ist also nicht neu, sondern recht alt.

Ebenso alt ist, dass Gastronomen und Hoteliers überall dort, wo das Personal viel Trinkgeld bekam, den Grundlohn extrem absenkten. Gib einfach in den USA einem Kellner kein Trinkgeld – und erfreue dich an dem, was dann folgt.

Aber jetzt mal Butter bei die Fische! Mit dir fordern sehr viele Kreuzfahrt-Passagiere, dass die Gesellschaften auf Flüssen oder Ozeanen ihr Personal anständig bezahlen sollten. Was du genau darunter verstehst, verschweigst oder umschreibst du zwar vornehm, aber

„anständig" klingt halt so gut. All deine Argumente laufen unterm Strich darauf hinaus, die Besatzung wäre dann nicht (mehr) auf Trinkgelder angewiesen. Doch jetzt sei mal ganz ehrlich: Du entscheidest dich doch nach dem Katalog-Preis für oder gegen eine Reise!

Nebenkosten kannst oder willst du doch nicht wirklich sehen! Der schlagartig höhere Kreuzfahrtpreis im Vergleich zu Anbietern, die diese Kosten nicht in den Grundpreis einkalkulieren, wäre offensichtlich. Du würdest am Ende ebenso viel zahlen – aber woanders buchen! Oder willst du kleiner Schelm ernsthaft bezweifeln, dass Trinkgelder das Personal zu besserem und freundlicherem Service motivieren können?

In dieser unseligen Debatte springen dir inzwischen auch einige Juristen bei. Sie monieren, dass zwangsweise an Bord erhobene Servicegebühren eigentlich in den ursprünglichen Reisepreis eingerechnet werden müssten, weil sie fester Bestandteil des Reisepreises seien. Es gibt bereits Gerichtsurteile, die darauf verweisen, dass „Service-Gebühren" ähnlich groß und auffällig wie der Reisepreis selbst ausgewiesen sein müssen. Kleingedrucktes verbietet sich also. Sei beruhigt: Es geht (fast) immer mit rechten Dingen zu.

Aber oftmals werden Reedereien schon dafür gescholten, dass sie ein von dir so geliebtes Hintertürchen offen halten: Bei nachweislich nicht oder nicht vollumfänglich erbrachten Serviceleistungen darfst du den Zwangsobolus von deiner Bord-Rechnung wieder streichen oder zurückbuchen lassen.

Bevor du jedoch genau dies tust, sei das, was du auch von anderen erwartest: **Fair und gerecht**. Beanstandungen trägt man in jedem Fall sofort und nicht erst am letzten Tag vor. Egal, wie die Trinkgeld-Regelung auf deinem Kreuzfahrtschiff aussieht – automatische Abbuchung vom Bordkonto oder nur pro Tag-Empfehlungen: Lass deinen Unmut nicht an den dienstbaren Geistern aus, du würdest nur den Sack prügeln, nicht den Esel!

Die Lohnpolitik der Reedereien beeinflusst du damit nicht! In den allermeisten Fällen kommt deine Service Charge tatsächlich dem Personal zugute. Falls du da berechtigte Zweifel haben solltest: Für eine Beschwerde ist nur die Reederei der richtige Adressat.

Die meisten bösen Gedanken befallen dich, wenn du einen Trinkgeld-Umschlag vor dem Ausschiffen in die Hand gedrückt bekommst oder dieser sich in deiner Kabine findet. Denn wie viele andere siehst du das Trinkgeld als Obolus für eine individuelle Leistung, beispielsweise deiner Kabinen-Stewardess oder deines Kellners. Sie waren fleißig, sie waren um dich bemüht, sie waren während des gesamten Törns freundlich zu dir.

Nimm rückblickend nicht nur das wahr, was du auch gesehen hast! Oder glaubst du wirklich, die vielen Menschen unter Deck oder in der Küche faulenzten den lieben langen Tag? Irgendjemand muss ja wohl dein frisches Bettzeug gewaschen, deinen Anzug gebügelt und das Essen gekocht haben, das du freundlich und fix serviert bekamst. Genau diese Menschen bringst du mit deiner Knauserigkeit um ihren verdienten Lohn!

Auch beim Kreuzfahrt-Trinkgeld gilt: Wer lesen kann, ist klar im Vorteil. Du wirst stets vorher erfahren können, was du hinterher zahlst. Einige Reedereien haben die Service Charge bereits in ihre Preise inkludiert. Extra zahlst du also nichts mehr – aber ob du weniger bezahlst als anderswo?

Rechnen zu können, kann sich also auch lohnen, Pfennigfuchserei vergällt dir nur die schönste Zeit des Jahres.

Wie es an anderen Orten im Urlaub mit dem Trinkgeld aussieht, verrate ich dir später.

Austeilen und einstecken

Selbst hartgesottene Gusten und Guffis kommen an ihre Belastungsgrenze. Die Zunge so manchen Dienstleisters ist gelegentlich schärfer als ein Steak-Messer. Mitunter greifen diese aufs gleiche Waffenarsenal zurück wie Pauschal-Terroristen.

Doch nicht jeder Pauschal-Terrorist, der sich angesprochen fühlen sollte, spürt dabei auch den Schmerz. Gegen den kalten Stahl des blanken Entsetzens, der sich in den Körper bohrt, sind wahre Pauschal-Terroristen längst bestens gewappnet.

Sie sind nicht darauf programmiert, eine Botschaft empfangen zu wollen – sie nehmen allenthalben nur wahr, was in ihr Weltbild passt. Sie kennen Schwarz und Weiß. Grau wird als gräulich empfunden und ausgeblendet. Farben sind gar nicht erst zulässig.

Katalog-Sprache ist nicht immer einfach in Tacheles zu übersetzen, doch dazu später. Aber selbst da, lieber Guffi, wo es eindeutig zugeht gilt, dass nur der im Vorteil ist, der auch lesen kann und will. Für einen, der missverstehen will, kann gar nichts sonnenklar sein. Wer auf Moll eingestellt ist, kann und will Dur nicht hören.

Hinzu kommt ein im Wortsinne einnehmendes Wesen unterwegs. Sehr schnell und sehr oft verblassen bei Pauschal-Terroristen die Unterscheide zwischen „dein" und „mein". (Un)Rechtsbewusstsein? Fehlanzeige!

Zu wenige Prostituierte?

Am frühen Morgen war der Flieger im Mittleren Osten gelandet. Eine völlig übernächtigte, leicht genervte Reisegruppe kam nach dem Einreise-Procedere endlich im Hotel an.

Während einige der Gäste beinahe im Stehen einschliefen, kümmerte sich deren Reiseleiterin um den Check-in und das nachfolgende Frühstück. Immer wieder drängelten sich zwischen den Neuankömmlingen osteuropäische Damen des horizontalen Gewerbes durch. Denn dieses Touristenhotel vermietete in der ersten Etage die Zimmer auch stundenweise! Ein Umstand, der hinlänglich bekannt sein sollte.

Einigen Gusten bereiteten die Blicke ihrer Guffis langsam Unwohlsein. Ein Raunen machte in der Reisegruppe unüberhörbar die Runde als die Reiseleiterin zurück kam. Wie von der Tarantel gestochen erhob sich ein Herr und fauchte sie an: „Haben Sie schon gemerkt, dass hier alles voller Nutten ist."

Die junge Frau zog die Augenbrauen hoch, holte tief Luft, setzte ihr schönstes Lächeln auf und entgegnete: „Warum fragen Sie? Reichen Ihnen die anwesenden Prostituierten etwa nicht für eine Woche?"

Deplatzierte Wohltaten

Wann immer möglich, solltest du hinter allen guten Taten all deiner dienstbaren Geister böse Hintergedanken mutmaßen. Wer sollte dir schon einen ausgeben? Aber sei vorsichtig! Mitunter geht Misstrauen nach hinten los. Es ist nicht ungewöhnlich, dass es – vor allem bei Busreisen – einen Kaffee zur Begrüßung am Anreisetag gratis gibt. Einige Veranstalter spendieren zur ersten Rast auch belegte Brötchen. Echte Pauschal-Terroristen misstrauen der Hostess, wenn diese mit dem Tablett im Gang ihre Bahnen zieht oder der Brötchenkorb in der Pause vorm Bus steht – und lehnen ab. Es könnte ja irgendein Haken an der guten Sache sein.

Ja, liebe Guste, lieber Guffi. Es gibt regelrecht hinterfotzige Reisebegleitungen und Busfahrer. Sie verraten tunlichst nicht vorab, dass der Kaffee oder die Brotzeit aufs Haus gehen. Erst wenn niemand mehr etwas vom Tablett nimmt und der Fresskorb weggeräumt ist, schenken sie reinen Wein ein. Die von ihnen vorhergesehenen Reaktionen kommen prompt: Plötzlich können dann doch Magenkranke Kaffee trinken – und die Galle derer, die kein Wurstbrötchen essen mochten, zwickt auch nicht mehr.

Der Dauer-Campingplatz

Ein Wandergruppe in den Alpen hatte den Bergführer bereits drei Tage lang unentwegt mit Banalitäten genervt. Es fiel ihm zunehmend schwerer, die Fassung zu bewahren. Der Mehrheit der Gruppe konnte er nichts, aber auch gar nichts recht machen.

Nach der Rast in einer Berghütte brachte die Frage eines bereits mehrfach unangenehm aufgefallenen Giftzwergs das Fass zum Überlaufen: „Warum sind Sie nicht in der Lage, unterwegs Möglichkeiten zu bieten, sich ausgiebig zu erfrischen? Es wird doch wohl einen Campingplatz oder etwas Ähnliches geben?"

Der Bergführer hakte den Renitenten unter und ging mit ihm zur Terrasse: Mit dem ausgestreckten Arm zeigte er ins Tal auf eine Ortschaft. „In ca. 15 Minuten sollten Sie bequem den schönen Dauer-Campingplatz rechts am Ortsrand erreicht haben. Sie dürfen meinethalben auch gern länger dort verweilen."

Der vom Bergführer gepriesene Dauer-Campingplatz war der Friedhof ...

Kostenlos und umsonst

Russische Gastfreundschaft ist weithin bekannt. Nicht selten übergeben Reiseleiter in Moskau und anderswo zum Abschied ihren ausländischen Gästen hochprozentige Geschenke. Auch Pauschal-Terroristen sind Wodka selten abgeneigt. Wenn da nicht mitunter deutsche Reiseleiter wären, die ihre Pappenheimer gut kennen.

Die Reisegruppe fuhr mit dem Zug vom Flughafen in ihre Heimatorte zurück. Kaum waren die Schienengeräusche zu hören, bahnte sich die Reiseleiterin mit einer überdimensionalen Wodka-Flasche und kleinen Bechern (die die Russen höchstvorsorglich mitgegeben hatten) ihren Weg zu den Gästen.

Überraschender Weise lehnte das mehrheitlich betagte Publikum unter Hinweis auf verschiedene Wehwehchen den Alkohol vehement ab. Weniger als ein Drittel der Gruppe ließ sich den Wodka schmecken. „Mein Mann wird sich daheim sehr freuen, dass die russische Agentur auch ihn so reichlich mit einem Geschenk bedacht hat", entfuhr es kurz vor Ankunft des Zuges später der Reiseleiterin.

Ein Raunen im Waggon folgte. „Da nehme ich noch schnell einen Wodka", entfuhr es einigen zuvor vermeintlichen Abstinenzlern. Lächelnd sagte die Frau daraufhin: „Der Wodka wäre kostenlos gewesen, Ihre Wortmeldungen jetzt sind hingegen umsonst."

Die Verabschiedung auf dem Heimatbahnhof erfolgte weitestgehend grußlos.

Reiseleitender Feldwebel

Nicht immer fällt es „all inklusive" urlaubenden Pauschal-Terroristen leicht, das zur zweiten Heimat gewordene Hotel wieder zu verlassen. In den Bus, der sie zum mitunter einige Fahrtstunden entfernten Flughafen bringt, steigen viele nur unwillig und selten sind alle Reisenden pünktlich zur Stelle.

Die Abfahrtszeit rückte in der Ferienanlage am Mittelmeer immer näher, längst waren nicht alle versammelt und unter den Anwesenden herrschte ein regelrechtes Tohuwabohu. Der einheimische Busfahrer machte den Repräsentanten des Veranstalter unmissverständlich darauf aufmerksam, dass es höchste Zeit sei, abzufahren.

Der Reiseleiter griff sich die Liste der Reisenden, ging auf die Gruppe zu und rief dann in einer Lautstärke, die jedem Feldwebel zur Ehre gereicht hätte: „Die Damen setzen sich bitte sofort in den Bus. Die Herren stellen sich in Doppelreihe mitsamt ihren Koffern und Taschen auf. Wenn ich anschließend Ihren Nachnamen aufrufe, quittieren Sie das mit einem lauten und deutlichen ‚Hier´, nehmen Ihr Gepäck auf und übergeben dieses an den Busfahrer."

Der Busfahrer machte sich ganz klein und auf ein Desaster gefasst. Nichts dergleichen geschah! Alle taten, wie ihnen geheißen. Der zuletzt einsteigende Herr lobte den Reiseleiter sogar ausdrücklich: „Das sollten Sie immer so machen, junger Mann. So und nicht anders geht es."

Das weitere Geschehen bis zum Abflug der Reisegäste gestaltete sich problemlos wie nie zuvor.

Die Hüterin des Gesetzes

Fahrer von Reisebussen können mutmaßlich ein mehrstrophiges und garstiges Lied über „Experten" singen, die sie durch die schönsten Gegenden Europas chauffieren. Neben Technik-„Experten" sind vor allem selbsternannte Hüter des Gesetzes äußerst beliebt. Sie kennen sich mit Lenk- und Ruhezeiten ebenso gut aus wie mit der Null-Promille-Grenze.

Eine solche juristische Sachverständige beobachtete in Südfrankreich am Morgen einen Fahrerwechsel. Die Lenkzeit des Buspiloten war erschöpft, so dass ein ausgeruhter Kollege zur Weiterfahrt anreiste. Während die beiden Herren den unabdingbaren bürokratischen Kleinkram erledigten, spürte der ablösende Fahrer plötzlich den Krückstock einer Seniorin schmerzhaft auf seiner Schulter. „Fahren Sie jetzt mit uns weiter?"

Schon ein wenig missmutig werdend, brummte der Busfahrer zurück: „Kann schon sein." Die alte Dame humpelte um den Herrn herum und baute sich dann vor ihm auf: „Junger Mann, hauchen Sie mich mal an!" Der Busfahrer antwortete: „Meinen Sie mich?" – machte auf dem Absatz kehrt und entfernte sich.

Das dreifache Dessert

Es gibt kaum etwas, dass der Pauschal-Terrorist mehr liebt als Halbpension bei Städtereisen in nichtdeutschsprachige Länder. Vorzugsweise möchte sich das gefräßige Krokodil auf ein üppig beladenes abendliches Buffet stürzen. Aber vor allem dann, wenn der Cent zum Kupferdraht gedreht wird, kommt nur ein Menü – meist drei Gänge – in Frage.

Menü heißt jedoch im Klartext: Es wird gegessen, was auf den Tisch kommt. Sozusagen Wahlessen der etwas anderen Art: Man isst oder man lässt es bleiben. Diese bittere Erfahrung musste auch ein sehr nerviger deutscher Senior in einer westeuropäischen Hauptstadt machen. Gleich am ersten Abend versuchte er der Chefin des Hauses zu erklären, dass er weder Fisch noch Geflügelfleisch essen könne. Warum auch immer.

Sein großes Pech: Als Vorspeise gab es Geflügelsalat mit Toast und als Hauptgang war gegrillter Lachs vorgesehen. Für den Gast ein Fiasko.

Da die Küche ihm verständlicher Weise eine Extrawurst weder braten konnte noch wollte, versuchte es der Gast in sehr redseliger Weise mit einem unschönen Trick:

„Ich verzichte gern auf Vor- und Hauptspeise, wenn ich dafür ein dreifaches Dessert bekomme."

Die Dame des Hauses blieb ebenso sprachlos wie der Herr an diesem Abend hungrig.

Wenn Neugierde frech wird

Es gibt Momente im Leben von touristischen Dienstleistern, die diese wahrhaft von jedwedem Glauben an das Gute im Menschen abfallen lassen. So wird einem Reiseleiter eine Guste wohl ewig im Gedächtnis haften bleiben, die ihn binnen einer Stunde mit zwei Erlebnissen beglückte, die sich selbst in Alpträumen niemand wirklich wünscht.

Nachdem der Stadtrundgang am historischen Marktplatz einer südeuropäischen Metropole beendet war, begann für die Reisegruppe eine einstündige Freizeit. Während sich noch eine Traube Wissbegieriger um die Stadtführerin versammelte, ging der Reiseleiter seiner Wege.

Zehn Meter vom angestrebten Café entfernt spürte er plötzlich, wie sehr kräftig an seinem Rucksack gezogen wurde. Ein Taschenräuber! Was sonst sollte er angesichts der Umstände denken?

Instinktiv drehte er sich um und konnte seine zum Schlag geballte Faust gerade noch rechtzeitig stoppen: Der erwartete Kriminelle hinter ihm war eine Frau aus seiner Reisegruppe! „Ich brauche ganz schnell mal Ihr Handy", hörte er wie durch einen Vorhang.

Mehr als ein „Wie bitte?" konnte er gar nicht hervorbringen. Die Dame wollte einen einheimischen Bekannten am Ort anrufen, stellte sich heraus! Möglichst bequem, vor allem aber kostenlos. Ihr Reiseleiter erklärte daraufhin kurz und bündig, wo Telefonkarten verkauft wurden und wo sich die nächste Telefonzelle befand – und ging seiner Wege.

Lange vor Abfahrt des Busses, der die Gruppe zurück zum Hotel bringen sollte, stieg der Reiseleiter ein und belegte die erste Sitzbank mit seinem Rucksack. Dem folgte eine längere Unterhaltung mit dem Busfahrer auf dem Gehsteig. Die Abfahrtszeit rückte näher, das Gros der Gruppe trudelte ein und der Reiseleiter schickte sich an, seinen Rucksack nach vorn zu holen. Wenn es denn möglich gewesen wäre!

Auf der Sitzbank thronte die telefonlose Dame vom Marktplatz, den Rucksack auf dem Schoß, dessen vollständiger Inhalt sich bereits auf dem Nachbarsitz befand. „Ich bin ein wenig neugierig, das müssen Sie doch verstehen", lautete die Erklärung von Guste. Sie hatte es geschafft, einen stets Wortgewaltigen sprachlos zu machen.

Die Währungs-Sachkundige

Wer als Pauschal-Terrorist erstmalig in Fremdwährungs-Länder reist, bekommt regelmäßig Tipps von der Reiseleitung, wo man am günstigsten tauscht. Da der Shuttle-Bus noch längst nicht in Sicht war, bliebt auf dem Genfer Flughafen genügend Zeit zu Ratschlägen. Doch der Reiseleiter hatte seine Rechnung ohne eine deutsche Währungs-„Expertin" gemacht.

In sehr rüder Art erklärte sie ihn zum Deppen des Tages: „Wenn ein Reiseleiter nicht einmal weiß, dass man in der Schweiz nur mit Euro zahlt, dann kann es ja in den kommenden Tagen lustig werden."

Da stand er nun, der arme Tropf – und versuchte ruhig und sachlich zu erklären. Irgendwann macht sich dann Hilflosigkeit in seinem Gesicht breit – denn Guste blieb steif und fest dabei, dass die Eidgenossen Franken und Rappen längst abgeschafft haben. Im Hotel angekommen, setzte sich das Währungsdrama zum Abendessen fort: Guste konnte ihre Getränke problemlos in Euro bezahlen und fühlte sich somit in ihrem Nichtwissen nachhaltig bestärkt. Es führte immer noch kein Argument Dritter zur Einsicht.

Am nächsten Tag stand eine Rundfahrt um den Genfer See auf dem Programm, der erste Aufenthalt war im französischen (!) Évian-les-Bains. Der triumphierende Blick von Guste, die natürlich ihre Ansichtskarte nebst Briefmarke in Euro bezahlen konnte, wäre es wert gewesen, gemalt zu werden.

Die große Ernüchterung für die Devisen-Sachverständige setzte dann schließlich doch noch ein. Ihr geballter Frust traf Stunden später einen Kellner in Montreux, der partout nur in Schweizer Währung bezahlt werden wollte.

Wahre Liebe auf Reisen

Es kommt häufiger als vermutet vor, dass Reiseleiter nicht alle (Gäste) beieinander haben. Je häufiger die Ortswechsel an einem Tage, umso schneller kommt es zu Schwund. Meist verspätet sich nur jemand, mitunter sind aber auch Vermisstenanzeigen notwendig.

Im konkreten Fall waren alle Gäste auf ihren Plätzen im Reisebus, es konnte und sollte weiter gehen im Besichtigungsprogramm. Was der zu seinem angestammten Platz nach vorn gehende Reiseleiter weder sehen noch ahnen konnte: Noch bevor die Türen verschlossen waren, stieg hinter ihm ein Mann wieder aus, um Müll im nahen Papierkorb zu entsorgen. Die eilige Rückkehr misslang.

Der Bus war nicht komplett besetzt, so dass sich auch Ehepaare getrennt auf freie Fensterplätze setzten. Somit bemerkte auch die Ehefrau das Zurückbleiben ihres Herzallerliebsten nicht sofort. Erst nach einer viertelstündigen Fahrt erschallte ihr Ruf: „Mein Mann fehlt!"

Während der Busfahrer auf der serpentinenreichen Strecke im Gebirge schon über eine Wendestelle nachdachte und der Reiseleiter nervös sein Handy aus dem Jackett kramte, ertönte ein zweiter, noch lauterer Ruf: „Es ist nur, dass Sie Bescheid wissen. Ich vermisse ihn wirklich nicht!"

Während das Gelächter kein Ende nehmen wollte, wurde der Bus von einem laut hupenden Taxi überholt, in dem der Vermisste saß.

Fürsorgliche Katzen-Liebhaberin

Es soll schon vorgekommen sein, dass Kriminelle zu nachtschlafener Zeit im Hotel verhaftet wurden. Eher selten trifft es die Falschen. Doch Verwechslungen kommen vor. Reise-Profis sind immer auf alles gefasst.

Es war einmal ein Reiseleiter, der in seinem Hotelzimmer an der Algarve den Schlaf der Gerechten schlief. Plötzlich weckten ihn Geräusche, die die Vermutung nahe liegen ließen, ein Sondereinsatzkommando der portugiesischen Polizei sei dabei, die Zimmertür gewaltsam zu öffnen. Da der solcherart Geweckte stets im Adamskostüm schlief, streifte er sich hastig ein T-Shirt über und zog ebenso flink seine Jeans an. Barfuß eilte er über die kalten Fliesen zur Zimmertür. Die Uhr am Wecker zeigte untrüglich an, das es gleich vier Uhr werden würde.

Vor ihm stand mit bereits geröteten Augen eine Dame aus seiner Reisegruppe. Die schlimmsten Vorahnungen kreisten im Kopf des nun Hellwachen. Sie reichten vom Herzinfarkt des Gatten bis zum Todesfall. Was die Dame sagen wollte, ging in ihrem Schluchzen unter.

Nachdem sie sich einigermaßen gefasst hatte, machte sie den erfahrenen

Reiseleiter mit wenigen Sätzen sprachlos. Es stellte sich heraus, dass Guste nach dem vierten Anruf der Tochter aus der kalten Heimat, in panischer Angst um ihre Katze war! „Das arme Tier", so die besorgte Frau, „ist schon anderthalb Tage nicht nach Hause gekommen. Was soll ich bloß machen?"

Der reiseleitende Katzenliebhaber versuchte nun zu beruhigen. Ein unkastrierter Kater auf Brautschau im Frühjahr sei ja wirklich nichts Außergewöhnliches. Da siege regelmäßig der Instinkt. Doch die Reisende ließ nicht locker und wünschte zu erfahren wie sie auf dem schnellsten Wege heimreisen könnte!

Erst die überschlägigen Kosten für ein Taxi zum Flughafen und der vage Preis für ein One-Way-Ticket überzeugten sie schließlich, wieder auf ihr Zimmer zurückzugehen.

Telefonieren laut Katalog

Es ist eher die Regel, denn außergewöhnlich, dass Busfahrer zwei Mobiltelefone bei sich haben – ein Handy, das zur Firma gehört und das eigene. Meist ist das Gerät des Unternehmens fest an einem herstellerseitig dafür vorgesehenen Ort verbaut, während sich die Fahrer das eigene Handy für Gespräche in den Pausen an irgendeinem gerade freien Platz deponieren. Letzteres war der folgenschwere Fehler eines Busfahrers auf dem Wege vom Kreuzfahrtschiff zurück in die Heimat.

Je näher die Ausstiegsorte der Fahrgäste rückten, umso nervöser wurden sie. Ab der vorletzten planmäßigen Pause häuften sich die Fragen: „Wann sind wir denn da?" Befürchtungen, von einem Taxiunternehmen oder der lieben Verwandtschaft nicht abgeholt zu werden, nahmen dramatisch zu.

Endlich. Letzte Pause vorm Zielort. Das freut auch Busfahrer. Kettenrauchende umso mehr.

Die Türen waren gerade geöffnet, schon stand der Buspilot draußen, um sich einen Glimmstängel anzuzünden. Während er die ersten Züge gierig genoss, machte sich ein Reisegast im

Cockpit zu schaffen. Vom Busfahrer nicht einzusehen, schnappte sich der Pauschal-Terrorist dessen Mobiltelefon und war gerade dabei, die Rufnummer einzutippen als er auf ebenso frischer wie böser Tat ertappt wurde.

Der Busfahrer maß ca. 1,90 m und brachte zweieinhalb Zentner auf die Waage. Bedrohlich baute er sich vor dem Telefon-Schnorrer auf und fragte böse. „Was soll das denn werden?" Völlig unbeeindruckt bekam er zur Antwort: „Es steht doch im Katalog, dass man im Bus telefonieren kann."

Nachdem die weggebliebene Spucke reproduziert war, holte der busfahrende Hüne tief Luft: „Diesen Katalog kenne ich nicht. Und Sie dürfen sich jetzt zwischen einem Telefonat und einem Fußmarsch nach Haue entscheiden."

An das dumme Gesicht erinnerte sich der Busfahrer bis zu seinem Renteneintritt.

Gazpacho aus der Gluthölle

Eisbein, Gyros, Flammkuchen, Pizza, Spaghetti oder Palatschinken kennt (fast) jeder. Gern schaut auch ein Pauschal-Terrorist mal in fremder Köche Töpfe hinein. Ob man Gazpacho (spanische kalte Suppe aus ungekochtem Gemüse) wirklich kennen muss, wenn man in einem Benelux-Land unterwegs ist, mag gutwillig bezweifelt werden dürfen. Zu wissen, dass es jede Menge kalter Suppen gibt, dürfte hingegen Allgemeingut sein.

Eine ungelernte Realschulabsolventin, die ihre Reisegruppe bereits seit Tagen damit nervte, auf Grund des promovierten Gatten als „Frau Doktor" angesprochen zu werden, bekam als Vorspeise einen Teller Gazpacho vorgesetzt. Die Bedienung wusste gar nicht wie ihr geschah als ein Schwall von Flüchen über sie hereinbrach.

Nachdem der rationale Kern der unflätigen Äußerungen ins Niederländische übertragen worden war, nahm die Kellnerin den Teller und trug ihn zurück in die Küche. „Frau Doktor" wünschte warme (!) Gazpacho.

Der Reiseleiter folgte auf dem Fuße und sorgte dafür, dass die Gazpacho bei 1.000 Watt fünf Minuten lang Bekanntschaft mit der Mikrowelle machte.

Als dann sichtbare Blasen auf der ehemals kalte Suppe blubberten und sich am Tellerrand ein dunkelbrauner Ring gebildet hatte, servierte der Reiseleiter höchstpersönlich und ging von dannen, um sich seinerseits mit gutem Appetit der vorzüglichen Gazpacho zu widmen.

Als dem guten Manne gerade das Dessert serviert wurde, fiel ein Schatten über ihn. „Frau Doktor" beugte sich zu ihm hinab mit den Worten: „Die Vorsuppe war vorzüglich, junger Mann. Warum kann das nicht gleich so gehen?"

Der Reiseleiter aß sein Dessert nicht mehr, bestellte sich aber statt dessen auf diesen Schrecken einen doppelstöckigen Wodka …

Flamenco oder Stierkampf?

Mitunter kommt Pauschal-Terrroristen das Eine oder Andere im Gastland spanisch vor. In Spanien sowieso. Zwei Dutzend Kegelbrüder hatten im heimischen Reisebüro darauf bestanden, ein möglichst billiges Quartier in Südspanien für ein verlängertes Wochenende zu mieten. Den geäußerten Preisvorstellungen konnte letztlich kein Veranstalter entsprechen.

Nach dutzenden Versuchen buchte die Gruppe schließlich via Internet. Sie wollten feiern und suchten lediglich für kleinstmögliches Geld Schlafstätten. So weit, so gut.

Als sie im riesigen Ferienhaus angekommen waren, inspizierten sie ihre Kemenaten: Kleine Zimmer, aber auf den ersten Blick ohne Fehl und Tadel. Die „Sauberkeit" in der großen Küche wäre jeder Hausfrau möglicher Weise sauer aufgestoßen – nicht so den trinkfesten Herren. Der Kühlschrank war groß und funktionierte, alles andere war zweitrangig.

Bis spät in die Nacht zechten die fröhlichen Kegelbrüder. Die ersten vier, die die frohe Runde verließen, machten dann im Halbdunkel vor der Eingangstür plötzlich mit zwei Ratten Bekanntschaft!

Üblicher Weise keine Gesellschaft, die man im Urlaub gerne sieht.

Am nächsten Morgen wurde vor versammelter Mannschaft die (sehr gut Deutsch sprechende) Eigentümerin zur Rede gestellt. Im Wortschwall der Herren waren u. a. auch die Vokabeln „Geld zurück" und „Sauerei" enthalten. „Frau Wirtin" ließ alles geduldig über sich ergehen, bis endlich Schweigen herrschte und holte dann hörbar Luft:

„Was haben Sie bei dem niedrigen Preis für ein ganzes Landhaus eigentlich erwartet? Speedy Gonzalez – Flamenco tanzend? Oder gar Stierkämpfe?" Das Thema war damit erledigt.

Auskenner in Afrika

Auch auf fremden Kontinenten kennen sich Pauschal-Terroristen bestens aus. Mit Land und Leuten ebenso wie mit Flora und Fauna. Du musst also keine Bedenken haben, dein Nichtwissen nicht kund zu tun. Jeder blamiert sich, so gut er kann. Mach einfach mit.

Ein gutes Beispiel kannst du dir an einem Pauschal-Terroristen nehmen, der das Glück hatte, gleich nach der Ankunft im kenianischen Amboseli-Nationalpark auf Jeep-Safari gehen zu können. Nach dem Check-in in der Lodge schaffte er es mit Müh und Not, sich zünftig anzuziehen.

Die khakifarbenen Hose und das Buschhemd waren zwar eine Konfektionsgröße zu klein geraten, dafür war der sandfarbene Hut zwei Nummer zu groß. Dermaßen zur Löwen- und Elefantenscheuche gewandelt machte sich der kugelrunde Herr auf der Sitzbank des Landrovers derart breit als habe er das Gefährt für sich allein.

Zum Glück blieben ihm mangels Englisch-Kenntnissen die bissigen Kommentare mitfahrender US-Amerikaner erspart. Zwei dieser Sprache mächtige Österreicher lächelten allerdings in sich hinein.

Nach zehnminütiger Fahrt kam eine Gnu-Herde ins Blickfeld. Aufgeregt sprang der Tierkenner auf und rief, mit dem ausgestreckten Arm in Richtung der Tiere zeigend: „Da! Rehe! Ganz viele." Einzig und allein die Sperrkette verhinderte, dass das österreichische Pärchen vor Lachen vom Landrover herunter fiel ...

Wenn du, lieber Guffi, in die Fußstapfen eines solchen Experten trittst, kannst du auf Safari ein ganzes Camp mühelos unterhalten. Besagter Sachverständiger in Sachen Huftiere in der afrikanischen Savanne beließ es auch nicht bei diesem einen Lacher. Beim Weiterflug in einer kleinen Propeller-Maschine suchte er sich einen Platz gleich hinter der Tür zu den beiden Piloten.

Kurz nach dem Start ist bei guter Sicht für gewöhnlich der Kilimandscharo gut zu sehen. Leider war er an diesem trüben Tag komplett in Wolken gehüllt. Plötzlich riss das zarte „Rehlein" die Tür zum Cockpit auf und gestikulierte wild mit den Händen. Anschließend betatschte er einen der Piloten an der Schulter.

Da dies alles wortlos vonstatten ging, hatte sich bereits ein kräftiger Passagier erhoben und war nach vorn gekommen, denn ihm schwante Böses. „Können Sie mal übersetzen?", wurde er sofort angeherrscht.

„Ja, bitte. Was denn?"

Spätestens jetzt hatten alle Passagiere ihre Lauscher auf Empfang gestellt. „Sagen Sie dem Piloten schnell, er soll eine Schleife fliegen, damit der Kilimandscharo zu sehen ist. Das kann doch für ihn nicht so schwer sein."

Lieber Guffi, mach so etwas nicht nach. Nicht alle Piloten haben Humor. Auch nicht alle, die mit dir fliegen.

Wenn der Durst groß ist

Durst ist schlimmer als Heimweh. Dieses alte Sprichwort bewahrheitet sich auf Reisen immer wieder. Ein Klassiker des Pauschal-Terrorismus: Der kluge Mann sorgt für alle Fälle allzu großen Durstes vor. Aber auch das sollte gekonnt sein. Sonst wird es schnell für alle Beteiligten sehr peinlich. Gänzlich Abgebrühte in diesem Metier haben allerdings inzwischen jegliches Gefühl für Recht und Scham auf immer und ewig verloren.

Es ist schier unglaublich, auf welch absonderlichen Pfaden Guste und Guffi zuweilen wandeln können, wenn es darum geht, den großen Durst auf Reisen möglichst kostengünstig zu löschen. Da wird trotz Rückenleiden kein Koffer zu schwer, keine Idee ist zu dumm, sie nicht in die böse Tat umzusetzen.

Lustig wird es für Touristiker sowie Unbeteiligte dabei allerdings meistens nicht. Denn nicht selten werden aus ebenso durstigen wie knauserigen

Pauschal-Terroristen sogar kleine, aber gemeine Diebe. Doch das Schicksal ist gerecht, denn zum Glück schlägt es manchem von ihnen sehr kräftig auf den Magen ...

Der Bier-Koffer

Guffi war mit seiner Guste in den Südtiroler Bergen gerade dem Bus entstiegen als schon ein Kellner herbei sprang, um beider große Koffer aufs Zimmer zu tragen. So schnell, wie er den ersten Koffer anhob, setzte er diesen auch wieder ab. Es schien als habe ein Gewichtheber seinen Rekordversuch abgebrochen. „Was haben Sie da bloß eingepackt? Felsen oder Gold?", fragte der dienstbare Geist die neben ihm stehende Frau. „Nur Sachen zum Anziehen", lautete die Antwort.

Man konnte dem Kellner förmlich ansehen wie seine Gedanken kreisten. Mit beiden Händen fasste er den Koffer, hob ihn ca. 30 cm hoch – und ließ ihn wieder fallen! Es gab ein schmatzendes und klirrendes Geräusch zugleich. Schnell bildete sich unter dem Koffer eine Bierlache, die auch den entsprechenden Geruch verströmte.

„Sind Sie wahnsinnig geworden", schnarrte der herbeieilende mutmaßliche Besitzer des Koffers den vermeintlichen Tollpatsch an. Worauf dieser ganz gelassen antwortete: „Wieso? Ich dachte, es sei nur Kleidung darin – wie es mir soeben gesagt wurde."

Beim Öffnen des Koffers zeigte sich, dass gerade einmal drei dünne Pullover im Koffer waren. Der übrige Platz war geschätzten 20–25 Halbliter-Flaschen Bier aus der Heimat von Guffi vorbehalten gewesen.

Wie das Personal überlieferte, ist das Malheur an Ort und Stelle entsorgt worden. Der zweite Koffer enthielt genügen „Sachen zum Anziehen" für eine ganze Woche.

Wein bis zum Weinen

Die „all inklusive"-Anlage in Nordafrika hatte für ein Herren-Quartett aus deutschen Landen nur einen einzigen Nachteil: Sowohl mittags als auch abends standen die alkoholischen Getränke stets auf dem Tisch reichhaltig in Form von Rot- und Weißwein bereit. Mehr als eine pro Kopf veranschlagte Flasche gab es dann aber auch nicht!

Die vier Kampftrinker beratschlagten, wie sie aus dieser fürchterlichen Not eine Tugend machen könnten. Denn alles, was über den Rebensaft zu den Mahlzeiten hinausging, wäre extra zu zahlen gewesen! Durstige Kehlen teuer zu spülen war diesen Pauschal-Terroristen allerdings abhold.

Nach zwei Tagen hatten sie ihre Chance erkannt: An vielen Tischen wurde sehr wenig, teils auch gar nichts getrunken. Dort sprach man lediglich dem Mineralwasser und dem Fruchtsaft zu.

Immer dann, wenn sich von einem Tisch alle Gäste zum Gehen anschickten, stürzten sich zwei aus der Herren-Riege auf die Weinflaschen und kehrten dann wie Unschuldslämmer auf ihren Platz zurück. Die Frage der Fragen für das Quartett war nun, wie sie ihre flüssige Beute von dannen bringen sollten. Denn bis in ihren Bungalow hatten sie rund 300 Meter durch die gesamte Ferienanlage zurückzulegen! Das nach drei Seiten offene Restaurant war rundum von dichten mannshohen Hecken gesäumt. Das ideale Versteck bis zum Abend!

Nach Einbruch der Dunkelheit brachte die trinkfreudige Runde ihren gesammelten Wein allabendlich zu ihrer gemeinsamen Terrasse – wo dann lautstark und sangesfreudig Party gemacht wurde bis zum Morgen. Aber da war neben dem sich steigernden Unmut anderer Gäste auch noch ein „Wirt", der ihnen die Rechnung gleich doppelt präsentierte:

Nach der dritten oder vierten Nacht war das Personal aufmerksam geworden – und nahm das Quartett etwas genauer in Augenschein. So entging ihnen nicht, auf welche Weise diese Pauschal-Terroristen ihre Vorräte anlegten.

Bei der nächsten Abholung ging wie immer alles glatt wie an den Vortagen. Nur schmeckte der Rotwein nach Trauben- und der Weißwein plötzlich nach Apfelsaft! Dennoch versuchten sie, am nächsten Tag fortzusetzen, was zu Urlaubsanfang bei Tisch begonnen wurde. Doch nun zog der Club-Manager die Reißleine: Ab sofort wurde nur dort Tischwein kredenzt, wo er auch verlangt wurde. Den Rest ihres Urlaubs hatten dann wohl vier Säufer-Lebern ein wenig Trauer ...

Magenbitter für lau

Je nach Lust, Laune und Geschäftstüchtigkeit führen Fahrer von Reisebussen in ihren Bordküchen neben Kaffee, Bier und Wiener Würstchen gelegentlich auch Wein, Sekt oder Liköre mit sich. Sehr beliebt bei vielen Busreisenden: Magenbitter aller Art.

Alle Gäste wussten auf einer „Fahrt ins Blaue", dass sich das Likörkörbchen neben dem Fahrersitz befand, wo auch die Kasse des Vertrauens stand. In aller Regel war am Fahrtende in der Kasse auch der exakte Betrag dessen, was getrunken wurde. Doch an diesem einen schönen Tag hatte der Fahrer seine Rechnung ohne ein ganz besonderes Exemplar Gast gemacht.

Dem studierten Pauschal-Terroristen war nicht entgangen, wo der Nachschub fürs Likör-Körbchen lagerte. Er nutzte einen Moment, in dem er sich unbeobachtet glaubte, um gleich ein ganzes Paket Magenbitter aus der Schlafkabine an sich zu nehmen (Verkaufspreis: 25 Euro). Den Vorrat sicherte der „Hamster" sogleich unter seiner Sitzbank.

Die nächste Pause nutzte der gewiefte Busfahrer dann für einen deutlichen Wink mit dem Zaunpfahl. Er stellte seinem reisenden Langfinger die Kasse des Vertrauens (ein Sparschwein) auf den Sitzplatz. Doch er staunte nicht schlecht als kurz vor der Abfahrt der heimliche Möchtegern-Trinker mit Sparschwein **und** Magenbitter vor im stand. „Wenn das so ist, möchte ich den Magenbitter dann doch nicht mehr." Es bedurfte engelsgleicher Geduld auch von Mitreisenden, den Dieb dazu zu bewegen, 25 Euro in die Kasse zu stecken. Den Magenbitter brauchte er dann wohl wirklich.

Warum man reisen sollte

Ich schreibe für dich als Reisender für Reisende. Sei nicht einfach beteiligter Unbeteiligter einer weltweiten Tourismus-Industrie, die dir demnächst für Geld und gute Worte auf Wunsch auch noch das eigenständige Denken abnehmen wird. Sei dir bewusst, dass eigenständiges Reisen auch bedeutet, sich für viel Geld gelegentlich Probleme und Schwierigkeiten einzukaufen. Trau dich in die Fremde, auch wenn sie dich mitunter verwirren und irritieren wird. Dafür wird sie reich an Überraschungen jedweder Art sein. Deine heimatliche Komfort-Zone kannst du auch dann verlassen, wenn du unterwegs nicht unter freiem Himmel, sondern in Fünf-Sterne-Herbergen nächtigst.

Gar mancher, der abends hoch über Bangkok seinen sündhaft teuren Whisky in einer Rooftop-Bar zu sich nimmt, hat zuvor am Tage mehr von Thailand begriffen als der Bierdosen öffnende Backpacker dutzende Stockwerke unter ihm. Auf den Geldbeutel allein kommt es niemals an. Auch nicht darauf, ob man tagsüber Flipflops oder Budapester an den Füßen hat.

Lieber reisender Freund, ich komme nun zum ernsthafteren Teil. Du bist dir ganz sicher, dass du nicht Guffi und deine Angetraute nicht Guste heißt? Dir fehlt das Zeug zum Pauschal-Terroristen, aber du ahnst deine Berufung zum Reisenden? Dann folge mir gern, wenngleich ich dir jetzt schon versprechen kann, keine Patentrezepte im Rucksack zu haben.

„Die beste Bildung findet ein gescheiter Mensch auf Reisen", hinterließ uns Johann Wolfgang von Goethe. Stimmt leider nur bedingt. Du wirst unterwegs genügend Menschen treffen, die schon durch die halbe Welt gereist sind. Du wirst stundenlang mit ihnen plauschen, um schließlich festzustellen, dass das Leben an ihnen unterwegs ebenso vorbei gezogen ist als hätten sie daheim im Tiefschlaf gelegen. Sie sind deswegen nicht weniger gescheit, aber unterwegs nicht klüger geworden.

Doch warum verreisen wir eigentlich? Um möglichst viel zu sehen? Um dennoch vor allem mit möglichst viel blauen Flecken heimzukehren, weil uns unentwegt der

Trolley gegen die Waden prallte? Um teils gebräunt, teils Krebsrot von Nachbarn, Freunden oder Kollegen bewundert zu werden – dabei aber den weißen Kranz, den das all inklusive-Armband hinterließ, schamhaft zu verdecken? Um gleich nach der Landung in der Heimat den Orthopäden aufzusuchen, der sich um unseren rucksackgeplagten Rücken kümmert?

„Wenn man mich fragt, warum ich reise, antworte ich: Ich weiß wohl, wovor ich fliehe, aber nicht, wonach ich suche." Michel Eyquem de Montaigne schrieb dies im 16. Jahrhundert. Es passt noch immer!

Dein, mein, unser Leben ist eine einzige Entdeckungs-Reise. Von der Geburt bis zur endgültig letzten Reise. Nur das Reisen macht uns wirklich klar, wie groß, schön und vielfältig die Welt ist. Angenehmer Nebeneffekt: Wir erscheinen in dieser Welt ganz klein, was ungeheuer nützlich ist, um die Bodenhaftung nicht zu verlieren.

Reisen ermöglicht dir, mit deinen Sinnen all das zu erfassen, was anderswo anders ist. Es bietet sich zudem für dich die Chance, als du selbst und doch als ein anderer wieder heimzukehren. *„Der Weg ist das Ziel"* ist ein schöner Satz. Doch er taugt nicht viel. Ziellos zu werden, ist gerade unterwegs nicht schwer.

Auch wenn du – je nach Zählweise – die rund 200 Länder dieser Erde komplett bereisen solltest, wirst du stets eines nicht erreichen: Die Grenzen des eigenen Horizonts. Je sehnsüchtiger du glaubst, dem nahe zu kommen, umso schneller wird diese gedachte Linie immer weiter ins Unendliche enteilen.

Denke bitte gelegentlich über den eigentlich unauflösbaren Widerspruch zwischen gewollter Entschleunigung und limitierter Lebenszeit nach. Bis zum Dasein als Rentner, Pensionär oder Privatier hat jeder in aller Regel nur gut einen Monat pro Jahr Zeit, um zu reisen. Die wenigsten Arbeitnehmer können diese Zeit am Stück nutzen. „Einmal um die ganze Welt" ist damit ohnehin nicht machbar.

Auch wenn der Mainstream anderes behaupten mag: Es ist und bleibt eine Errungenschaft der Neuzeit, in kurzer Zeit auch viel und weit zu reisen. Lass dir von denen, die dir etwas vom „ökologischen Fußabdruck" erzählen wollen, das Reisen nicht verleiden. Wer lieber mit dem Fahrrad gen Afrika fährt, möge das tun. Ich sage dir: Nimm besser doch den

Flieger. Deine Zeit ist zu begrenzt. Setze unterwegs deine Akzente!

Es schadet nie, gut über Land, Leute und Sehenswürdigkeiten Bescheid zu wissen. Aber lass dich nicht dazu verleiten, irgendwelche „must see" oder „to do"-Listen förmlich abzuarbeiten. Nicht vor jedem Bild in der Moskauer Tretjakow-Galerie Stunden verweilt zu haben macht dich ebenso wenig zum Kulturbanausen wie Schloss Neuschwanstein nicht von innen gesehen zu haben.

Andererseits solltest du jene Spötter tunlichst überhören, die dich dafür schelten, in Rom jeden Stein einzeln herumzudrehen oder nicht verstehen zu wollen (und können!), dass dich ein technisches Denkmal einen ganzen langen Tag fasziniert.

Auch auf Reisen gilt: Alles kann, nichts muss! Mache keine Reise ins Blaue, aber versuche auch nicht, alles bis ins allerletzte Detail planen zu wollen. Vor allem jenseits des europäischen Kontinents kommt vieles anders als du denkst. Lass dich überraschen! Und längst nicht alles wird eine gute Überraschung werden. Nimm es mit Humor und mit Gelassenheit.

Es wird Momente geben, in denen du maßlos enttäuscht sein wirst, weil deine

Träume schöner waren als die Realität. Andererseits wirst du staunen wie ein Kleinkind über Dinge, die dir zuvor banal erschienen. Das kann ebenso gut ein dir unbekanntes Gemälde sein wie ein schöner Sternenhimmel über eigentlich ödem Land.

Vielleicht stehst du auch eines Tages mit hängenden Mundwinkeln und gar nicht staunend vor dem winzigen Manneken Pis in Brüssel? Aber wie viel schöner wäre es, du könntest selbst im strömenden Regen ein des Nacht illuminiertes Loire-Schloss als bleibende Erinnerung mitnehmen. Oder stell dir vor, deine Enkel bekommen einst leuchtende Augen, wenn du ihnen erzählst wie es in einer kleinen Spelunke der Altstadt von Lissabon beim Fado war.

Für eine der wichtigsten Gaben auf Reisen halte ich die Neugierde, gepaart mit dem unbedingten Willen, sich immer wieder überraschen zu lassen. Lass dich von anderen in keine Schublade packen! Wenn du irgendwann an einem Ort einen Narren fressen solltest: Fahr einfach wieder hin. Steh dazu. Und werde dennoch mit jeder weiteren Reise klüger.

Wenn du wie ich die Oberflächlichkeit magst: Alles und jedes muss man nicht mögen und wenn dir mal eine Stadt nicht gefällt, dann ziehe fröhlich weiter. Es muss nicht Ziel des Reisens sein, dich selbst zum Studienreiseleiter zu qualifizieren. Wer es dennoch mag und schafft – bitteschön.

Immer dann, wenn du glaubst, nichts ginge mehr zu entdecken, ist die nächste Wohltat für Körper und Geist meist nicht weit. Ich weiß nicht, wo die Wunder dieser Welt zu finden sind. Noch weniger weiß ich, wo du sie suchst. Bei den Pyramiden von Gizeh? Hoch oben in den Ruinen von Machu Picchu? Zwischen den Überresten von Angkor Wat? Rufe einfach in den großen Globus hinein! Wo du das Echo am lautesten zu hören glaubst, dort fahre hin.

Meine bisherigen Wunder waren bis jetzt nie in Stein gehauen oder in Öl gemalt. Sie hatten vielmehr mit denen zu tun, die Stein behauen und Öl auf Leinwand bannen können – Menschen. Menschen, wie sie unterschiedlicher und wunderbarer nicht sein können. Klein und groß, jung und alt, Frauen, Männer, Kinder. Analphabeten, Handwerker, Professoren. Was daran so wunderbar ist, wird deine Frage lauten. Stein und Ölbild fehlt, was Menschen haben: Sprache und Gefühl. Menschen erzählen mir ihre Gegenwart. Ihr Leben! Besser als der deutsche

Schriftsteller Erhart (nicht Erich!) Kästner kann man es gar nicht sagen: *„Toren besuchen im fremden Land die Museen, Weise gehen in die Tavernen."*

Museen zu besuchen, ist ein nützlicher, ein bildender Zeitvertreib auf Reisen. Du lernst Vergangenheit und Geschichte anderer besser kennen. Wenn du indes die Gegenwart der Menschen kennenlernen möchtest, dann rede mit ihnen! Nimm dir Zeit dafür. Auf Reisen die Komfort-Zone zu verlassen, heißt zuerst: Raus aus dem Hotel. Runter von der Liege am Strand. So oft wie möglich.

Ja, es lässt sich unterwegs mitunter auch mit Händen und Füßen reden. Doch ungleich tiefgründiger wird es, wenn du selbst fremde Sprachen sprichst. Ein halbwegs passables Englisch bringt dich um die halbe Welt.

Bevor ich dir ein paar praktische Tipps gebe, ein Rat: Du sollst unterwegs niemals kindisch werden, wohl aber kindlich bleiben – ohne wieder zum Kind zu mutieren. Die besten Reiseleiter, die du finden kannst, sind Kinder!

Katalog oder KatalÜG?

Weißer Strand im Sommer, türkisblaues Meer oder azurblauer Himmel und schneeweiße Pracht im Winter – Reise-Kataloge faszinieren dich immer wieder aufs Neue. Gib es endlich zu! Denn die meisten Menschen vertrauen den bunten Katalogen der Reiseveranstalter. Sie nehmen sogar – gutgläubig wie sie nun mal sind – alles Angepriesene für bare Münze.

Oftmals entspricht das, was in den Hochglanz-Prospekten zu lesen ist, nicht vollumfänglich der Wahrheit. Nicht selten wirst du sogar nach Strich und Faden dadurch hinters Licht geführt, dass sehr verschwurbelt formuliert wird.

Die ausgeklügelte Reisekatalogsprache verschleiert (durchaus nicht ungeschickt) gelegentlich schon in sehr blumiger Sprache die nackten Tatsachen. Denk immer dran: Kataloge sind keine Sachbücher, sondern mehr oder minder gut gemachte Werbeprospekte, die stets nur die Schokoladenseiten von Orten und Domizilen zeigen. Schöne Sonnenauf- und untergänge gibt es ja auch in der „Pampa"! Die Grenzen zwischen Dichtung und Wahrheit sind manchmal fließend.

Natürlich sind Reiseveranstalter gesetzlich verpflichtet, ihre Katalog- angebote objektiv zu beschreiben. Doch das heißt noch lange nicht, dass sie auch verpflichtet wären, die Schattenseiten darzustellen. So mancher Touristiker murmelt gelegentlich hinter vorgehaltener Hand etwas von „KataLügen".

Es geht schon mit bei deiner Anreise los. Wenn mit *„kurzer Transferzeit vom Flughafen zum Hotel"* geworben wird, darf sich später kein Urlauber darüber beschweren, dass der Fluglärm im Preis inbegriffen war. Das Hotel könnte durchaus in Sichtweite der Start- und Landebahn liegen.

Sehr beliebt ist der Begriff von der *„Meerseite"*. Im Hotelzimmer ange- kommen, siehst du aus deinem Fenster meist alles Mögliche – nur nicht das Meer! Felsenfest steht lediglich, dass die Gebäudeseite dem Meer zugewandt ist.

Wenn du ein Hotel mit einem *„beheizbaren Swimmingpool"* buchst, darfst du dich nicht wundern, wenn du buchstäblich ins kalte Wasser geworfen wirst. „Beheizbar" heißt nun mal eben nicht, dass der Pool auch wirklich beheizt ist. Wenn von *unaufdringlichem Service"* die Rede ist, kann das auch schon mal in einer Katastrophe enden. *„Naturbelassene Strände"* solltest du selbst dann meiden, wenn du der Natur sehr zugetan bist. Meist werden Strände so benannt, die alles aufweisen, was das Meer anspülen kann. Nur wird dort selten jemand sauber machen. Solltest du Tang am ganzen Körper allerdings mögen, dann fliege dorthin.

Sehr beliebt ist in Katalogen das sprachliche Konstrukt *„sauber und zweckmäßig eingerichtet".* Wenn du dich dafür entscheidest, solltest du Komfortverzicht gewöhnt sein. Gefahr für deine Urlaubsfreude ist ebenfalls im Verzuge, wenn von einem *„aufstrebenden Ferienort"* geschrieben wird. Dort fehlt oft nicht nur jegliche Infrastruktur, vor allem ist mit Baustellen zu rechnen! Gehörschutz sollte in deinem Reisegepäck nicht fehlen.

Wem dir bei einer *„verkehrsgünstigen Lage"* nicht dämmert, dass dafür stets Orte in Frage kommen, wo auch wirklich Verkehr herrscht, bist du selbst schuld. Die Bahnlinie, eine Autobahn oder eine vielbefahrene Kreuzung sind gelegentlich näher als dir lieb sein wird.

Solltest du „all inklusive" in der Absicht buchen, dir jeden Abend das hohle Köpfchen zuzudröhnen, musst du gleichfalls ein wenig aufpassen. „Internationale Getränke" bezeichnen selten oder nie alkoholhaltige Weltmarken. Sondern lediglich im Ausland produzierte Getränke – das kann auch billigster Fusel sein, der dir derartige Kopfschmerzen bereitet, dass deine Aspirin-Vorräte schnell zu Neige gehen. „Nationale Getränke" schließen auch beim Karibik-Urlaub nicht zwingend Marken-Rum ein. Dafür unter Umständen umso mehr einheimisches (Billig)-Bier und no-name-Cola!

„Internationale Küche" kann hingegen sehr gut heißen, dass du täglich mit Pommes Frites, Pasta, Pizza, diversen Burgern oder Döner abgefüttert wirst. Wenn du gerne einmal landestypisch essen möchtest, solltest du dies dann lieber außerhalb eines Ferien-Clubs tun.

Selbst die von Profi-Fotografen ge-machten Fotos in Katalogen sind mitunter trügerisch. Mit einem starken Weit-winkelobjektiv aufgenommene Hotel-zimmer wirken dadurch viel größer.

Und die stark belebte Straße, über die du mehrmals am Tag vom Hotel zum Strand gehen musst, ist nur selten auf einem Foto verewigt. Professionelle Bildbearbeitungsprogramme machen auch an Orten, wo selten die Sonne scheint, den Himmel Blau und das Meer Türkis.

Verlässlicher sind Bewertungen anderer Pauschal- und sonstiger Terroristen. Eines kann dir nie schaden: Zwischen den Zeilen zu lesen.

Bewertungen richtig lesen

So richtig mal im Reisebüro auf Krawall bürsten – das mochtest du nicht, am Telefon zugetextet zu werden, lag dir auch nicht. Dann gehe ins Internet, wenn du ein Hotel buchen willst! Dort findest du alles, was du an Informationen benötigst. Aber denke wie immer daran: Wer lesen kann, ist auch hier klar im Vorteil!

Unzweifelhaft kannst du von den Bewertungen anderer Hotelgäste nur profitieren. Meist ziemlich ungeschminkt lassen diese dich wissen, wie es wirklich vor Ort aussieht. Wirklich? Bewertungen sind **immer** subjektiv – und leider bist du auch vor handfesten Fälschungen nicht gefeit. Genaue Zahlen dazu gibt es nicht, aber Experten gehen davon aus, dass bis zu 15 Prozent der positiven Bewertungen im Auftrag der Hotels (!) gefälscht wurden.

Mir sind auf Reisen nicht wenige Hotels begegnet, die bereits mit dem Begrüßungsdrink förmlich darum bettelten, bewertet zu werden. Leider gibt es auch schwarze Schafe, die sich selbst bewerten oder Gäste entgeltlich damit beauftragen!

Das wichtigste Kriterium überhaupt ist wohl die Aktualität der Bewertungen. Wann wurden die Bewertung geschrieben, welchen Datums ist die aktuellste? Es folgt das Profil des Bewertenden. Familien bewerten anders als alleinreisende Geschäftsleute. Alles, was nicht erwähnt wurde, lässt ebenfalls Rückschlüsse zu!

Es ist nicht immer einfach, notorische Nörgler und Korinthenkacker herauszufinden. Bewertungs-Romane können weniger aussagefähig sein als kurze, aber prägnante Sätze, die faktenorientiert formuliert wurden. Du kannst getrost davon ausgehen, dass sich deutlich weniger zufriedene Gäste mit einer Bewertung auf einem Portal verewigen als unzufriedene.

Es gibt aber auch 15 Prozent einer Medaillen-Kehrseite: Das sind die Pauschal-Terroristen, die Kleinigkeiten oder einen einzigen Mangel zum Anlass nehmen, das ganze Haus negativ zu würdigen. Je mehr Bewertungen vorhanden sind, umso leichter kannst du deinesgleichen aussortieren. Sollten 98 Prozent aller Gäste vier oder fünf Sterne vergeben haben, so weißt du, wie du die drei oder vier Nörgler zu würdigen hast.

Wirklich wichtig sind drei Dinge: Buchungsportale geben wesentlich bessere Aufschlüsse als die Gästebücher der Hotels selbst. Wenn du weniger als zehn Bewertungen vorfindest und die aktuellste von ihnen älter ist als vier bis sechs Monate: Finger weg! Ein Foto sagt mehr als 1.000 Worte.

Schau dir vor allem Bewertungen an, die mit Bildern garniert sind. Das lässt darauf schließen, dass sich jemand Zeit genommen und nicht einfach drauflos geschrieben hat. Nützlich sind vor allem Portale, die dir auch etwas über die Gäste erzählt, die einen Kommentar hinterlassen haben. Zeitpunkt und -dauer des Aufenthalts, Alter der Schreiber und Anzahl der Bewertungen helfen dir bei der Suche nach **deinem** Hotel.

Faustregel: Je mehr Bewertungen, desto besser. Der Eindruck wird dadurch differenzierter und glaubhafter. Wenn du Single und jünger als 30 Lenze bist, solltest du nicht unbedingt die Bewertungen von Ehepaaren im Seniorenalter zu Rate ziehen. Sind du und deine Guste jenseits der 70, so werden dir Urteile von jungen Familien höchstwahrscheinlich auch keine sehr verlässlichen Anhaltspunkte liefern. Bewertungen eines einzigen Hotels könnten teils widersprüchlicher nicht sein! Drei Beispiele zeigen das anschaulich:

1. Sachlich, kurz, knapp. Aber was soll der künftige Gast mit dieser Bewertung anfangen?

„Zweckmässig, freundlich, individuell und zentral gelegen. Nette Betreuung an der Rezeption und diese ist auch nachts, rund um die Uhr betreut. Das war wichtig für mich als Nachtschwärmer."

2. Die „goldene Mitte". Wie objektiv diese Aussagen jedoch sind, kann nur vor Ort geprüft werden.

„Rustikales Gebäude aus Vorkriegszeit. Mehrere Stockwerke mit etwas älterem Aufzug. Die Anlage macht insgesamt einen sehr sauberen Eindruck. Nettes Ambiente aufgelockert durch Bilder einer Malerin, die in vielen Räumen aufgehängt sind. Eingeschlossene Leistungen: Frühstücksbuffet (sehr gut), jeden Morgen mehrere kostenlose Tageszeitungen zum Mitnehmen verfügbar) Gästestruktur: Alle Nationalitäten und Altersklassen, Hauptsächlich Geschäftsleute, Arbeiter, Messebesucher, etc. Kinder sind mir nicht begegnet. Räume und sanitäre Anlagen sind teilweise recht eng, d.h. wohl nicht behindertengerecht."

3. „Blumige" Sprache, aber unzweideutig in der Aussage:

„Wenn Sie verschissenen, lieblosen und ungepflegten Charme der 60er suchen; wenn es Sie nicht stört, dass an den alten Doppelfenstern der Lack abbröselt; wenn Sie unappetitliche Plüschteppiche mögen; wenn Sie die Plastiktischdecken beim Frühstück für ein Stilattribut der Epoche halten; wenn Sie der die ganze Nacht lang tobende Straßenlärm in den außenliegenden Räumen nicht um den Schlaf bringt – dann sind Sie im Hotel *** an der richtigen Stelle und dann haben Sie es sich verdient, hier Ihre Nächte zu verbringen. Ich jedenfalls gehöre leider nicht zu diesen beneidenswerten Menschen und werde dieses Hotel hoffentlich nie wieder sehen."

Ich habe nachstehend eine keinen Anspruch auf Vollzähligkeit erhebende Liste von deutschsprachigen Bewertungsportalen zusammengestellt.

www.holidaycheck.de

Das 2003 gegründete Unternehmen gehört zu Hubert Burda Media. Mit täglich rund 150.000 Besuchern ist Holidaycheck das größte deutschsprachige Urlaubsbewertungsportal.

Schiffsbewertungen finden sich hier ebenfalls.

www.tripadvisor.de

Diese Reise-Community (kein Buchungsportal!) hat mehr als 260 Millionen Besuchern pro Monat. Rund 150 Millionen Erfahrungsberichte und Meinungen zu mehr als 3,7 Millionen Unterkünften, Restaurants und Attraktionen sind verfügbar.

www.trivago.de

Die Hotelsuche trivago vergleicht die Hotelpreise von mehr als 200 Buchungsplattformen. Rund 700.000 Hotels weltweit sind verfügbar. Mehr als 45 Millionen Reisende nutzen das Portal, das mehrheitlich zu Expedia gehört. Mehr als zwei Millionen Hotelbewertungen und über 14 Millionen Fotos helfen bei der Entscheidungsfindung.

www.agoda.de

Auf diesem Portal finden sich über 390.000 Hotels weltweit in 37.000 Städten. Mehr als 4.000.000 Hotelbewertungen sind aufschlussreich.

www.hotelkritiken.de

Eher eines der kleineren deutschsprachigen Portale, bei dem aber gründlich geprüft wird. Erfasst sind Hotels in mehr als 160 Ländern weltweit. Interessant ist der Bereich für Schiffsbewertungen, in dem zu so gut wie alle Kreuzfahrtschiffe weltweit bewertet sind.

www.expedia.de

Expedia wurde 1995 von Microsoft gegründet. 1996 ging die Website online. Hier kann nur bewerten, wer das Hotel auch tatsächlich gebucht hatte.

www.hotels.com

Das Portal ist eine Marke, die zu Expedia gehört. Das Angebot umfasst über 240.000 Unterkünfte weltweit.

www.opodo.de

Opodo ist ein weltweiter Online-Reiseservice, der von den europäischen Fluggesellschaften Aer Lingus, Air France,

Alitalia, Austrian Airlines, British Airways, Finnair, Iberia, KLM und Lufthansa gegründet wurde. Hotel-Bewertungen finden sich beim Partner www.booking. com und mehr als 220.000 Ferienhäuser sind beim Partner www.atraveo.de verfügbar.

www.hrs.de

HRS ist ein in Köln ansässiges weltweites Hotelportal für Privat- und Geschäftsreisende. Die erste HRS-Webseite ging bereits 1995 online. Die Datenbank umfasst mehr als 250.000 Hotels aller Kategorien in 180 Ländern. Ca. zwölf Millionen Besuche frequentieren diese Seite monatlich. Um bewerten zu können, muss man auch zuvor das Hotel gebucht haben. Blinde können hier also schon mal nicht vom Licht reden.

www.hotel.de

Das 2001 gegründete Unternehmen ist eine Tochter von HRS und bietet einen Reservierungsservice in mehr als 250.000 Hotels weltweit.

www.hotelbewertungen.de

Das von Nicolas Götz im oberpfälzischen Parkstein betriebene Bewertungsportal

bietet mehr als eine Viertelmillion aus-
führliche differenzierte Beurteilungen zu
Domizilen weltweit.

www.zooover.de

Auf dem Portal haben Reisende bereits
mehr als 1.500.000 Hotelbewertungen
geschrieben.

www.travelscout24.de

Diese große Reise-Plattform wird von
der Triplemind GmbH betrieben. Zur
übergroßen Mehrheit der Hotels finden
sich auch Bewertungen.

Tipps für den „tip"

Wie viel Trinkgeld solltest du nun im Ausland geben, lieber Pauschal-Terrorist? Keine ganz einfache Frage. Wenn du es schaffst, dass sich weder Personal noch du schämen müssen, hast du alles richtig gemacht. Je nach Reiseland unterscheiden sich auch die Gepflogenheiten. Das reicht vom absoluten Muss in einigen Regionen dieser Erde bis zu Kulturkreisen, wo Trinkgeld („tip" / Abkürzung für „to insure promptness") als Beleidigung aufgefasst wird.

Vielfach ist es nicht unüblich, dass in Hotels, Restaurants oder Taxis das Trinkgeld bereits Bestandteil des Endpreises ist. Damit will ich dich jetzt aber nicht davon abhalten, guten Service dennoch zu honorieren.

In Europa machst du grundsätzlich nichts wirklich falsch, wenn du fürs Zimmermädchen und den Kofferträger jeweils pro Tag bzw. pro Gepäckstück einen Euro übrig hast. In Restaurants so aufzurunden, dass zehn Prozent Trinkgeld herauskommen, erfreut jeden Kellner.

In den USA und Kanada solltest du 15–20 Prozent auf die Restaurant-Rechnung draufschlagen, wenn du nicht schief angeschaut oder gar verbal angegangen werden willst. Der Dollar für den Gepäckträger gehört sich ebenso wie ein „tip" für das Zimmermädchen.

Jeder „Greenback" (so genannt, weil die Rückseiten der Dollar-Noten mit grüner Tinte gedruckt werden) bringt dich weltweit weiter. Das Gute daran: Es gibt Ein-Dollar-Scheine. Im gesamten Nicht-Euro-Raum eine hervorragende Trinkgeld-„Einheit", sofern du nicht in Landeswährung zahlst.

Dort, wo du nicht in Euro direkt zahlen kannst, solltest du möglichst nicht das Trinkgeld in Euro-Münzen hinterlassen. Banken tauschen nur Scheine. Was sollen polnische Kellner in der Hohen Tatra mit Münzen anfangen? Dollar- oder Euro-Noten tauscht ihnen ihre Hausbank problemlos, Münzgeld leider nicht. Du solltest dir also die kleine Mühe machen, überall die jeweilige Landeswährung einzutauschen. Es erleichtert das Leben unterwegs ungemein – dir und deinen Dienstleistern.

Kommen wir zu ein paar Ausnahmen: In einer italienischen oder spanischen Bar erwartet niemand, dass du auf dem Tresen mehr hinterlässt als dein Espresso kostet. Auch in Skandinavien (Ausnahme: Schweden) grollt keine Bedienung mit dir, wenn du den exakten Rechnungsbetrag zahlst. Allerdings ist ein kleiner Obolus für den Kofferträger üblich.

In Asien kannst du mit Trinkgeld schnell ins Fettnäpfchen treten. In Japan gilt „Tipping" in Restaurants sogar als Beleidigung. Im touristisch sehr beliebten Thailand haben sich inzwischen zwar zehn Prozent Trinkgeld eingebürgert, aber das ist kein Muss. Wenn du am Strand allerdings überlegst, weniger als zehn Baht (das sind rund 22 Cent) zu geben – lass es lieber. Solche Kleinstbeträge gelten als Beleidigung!

Wenn du von Südostasien weiter reist gen Australien oder Neuseeland, so sieht es gut für dich aus: Trinkgeld ist dort weitestgehend unüblich. Aber kein Kellner nimmt dir übel, wen du 10 Prozent auf die Rechnung drauf schlägst.

Wenn du es dir in der Südsee gut gehen lässt: Aus traditionellen Gründen ist dort die Annahme von Bakschisch verboten. Französisch Polynesien ist die Ausnahme von dieser Regel – dort kannst du alles so handhaben wie in Paris oder an der Côte d'Azur.

In Südamerika nimmt man gern für guten Service zehn Prozent Trinkgeld entgegen. Auch in der Karibik und in Mittelamerika freut sich das Personal über Trinkgeld.

Das schöne Wort Bakschisch kommt zwar aus dem Persischen, wird aber im Nahen Osten ebenso gern gesehen wie in Nordafrika. Auch in den Emiraten freuen sich Taxifahrer, Kofferträger oder Zimmermädchen ebenso wie Kellner über einen Obolus von dir. Wenn du die Trinkgeldgabe möglichst diskret zelebrierst, bis du perfekt. Im schönen Südafrika sind zehn Prozent Trinkgeld ebenso üblich wie in Kenia – für alle, die dir Gutes tun und zu Diensten sind.

Eine in Deutschland eher abhanden gekommene Sitte ist anderswo häufig gang und gäbe: Solltest du mit dem Mietwagen unterwegs sein, dann bedenke den Tankwart, der dir die Frontscheibe reinigt oder statt deiner den Zapfrüssel hält.

In nicht wenigen „all inklusive"-Hotelanlagen wird Trinkgeld seitens der Betreiber nicht gern gesehen. Erkundige dich an Ort und Stelle, was am jeweiligen Ort guter Brauch ist.

Wenn du an Rundreisen teilnimmst oder auf Safari gehst, kommst du ohne Reiseleitungen, Busfahrer oder Rancher nicht aus. Je höher deren Qualifikation, umso höher sollte auch der „tip" ausfallen. Lediglich ein Dollar am Tag für Rancher in Südafrika oder Namibia sind ebenso eine Frechheit wie mickrige 50 Cent täglich für den freundlichen Busfahrer, der dich durch halb Europa chauffiert.

Ein letztes Wort: Nicht nur in den entfernteren Gegenden dieses Erdballs sind deine touristischen Dienstleister auf Trinkgeld existentiell angewiesen. Was nicht bedeutet, schlechten Service auch noch zu honorieren. Aber wie wäre es mit: Leben und leben lassen?

Sicher ist sicher

Sicherheit auf Reisen ist ein weites Feld. Deine Geldbörse, lieber Guffi, solltest du ebenso wie deine wichtigsten Dokumente, weder in der Gesäß- noch in der Jackett-Innentasche aufbewahren. Da greift der Dieb zuerst hin! Wertsachen nicht sichtbar zu tragen, ist der wichtigste Aspekt. Räuber und Diebe suchen sich stets das leichteste Opfer aus.

Mitglied einer größeren Reisegruppen zu sein, gibt dir schnell ein trügerisches Gefühl von Sicherheit. Pass auf dich auf – du bist dein bester Bodyguard! Was du tust oder besser lässt, sagen dir am besten dein Bauchgefühl und konkretes Wissen. Lass dich nicht von „Experten" beschwatzen, die bisher nur deshalb nicht auf die Nase fielen, weil sie unverschämtes Glück hatten. Keine Glücks-Strähne hält ewig!

Die Sicherheits-Hinweise des Auswärtigen Amtes (vor allem die Reisewarnungen) sind gut als Richtschnur dafür geeignet, wo du nicht unbedingt hinreisen musst oder gut auf dich aufpassen musst. Afghanistan ist ein schönes Land, die Zentralafrikanische Republik ebenso – nur leider sind beide Länder derzeit herzlich ungeeignet, touristisch bereist zu werden.

Das Einzige, was weder entbehrlich noch käuflich ist, ist die Gesundheit. Beherzige es auch auf Reisen. Egal, ob du nur einen Wochenend-Trip planst oder im Landzeiturlaub an warmen Gestaden überwintern willst.

Als Diabetiker solltest du Spritzenbesteck und Insulin ebenso wenig daheim lassen wie all die Medikamente, die du regelmäßig einnehmen musst. Wenn es dich in die Ferne zieht, kann ein vorheriger Besuch beim Hausarzt niemals schaden. Er weiß über dich bestens Bescheid.

Wenn es um konkrete Länder-Informationen geht, solltest du auf umfassenden fachlichen Rat nicht verzichten. Im Internet findest du gute Tipps beim Centrum für Reisemedizin (www.crm.de). Dort kannst du auch anhand der Postleitzahl nach reisemedizinisch gebildeten Ärzten in Wohnortnähe suchen. Viele Reise-Impfungen musst du selbst bezahlen.

Hier sparen zu wollen, wäre jedoch nicht selten lebensgefährlich! Für einen Wanderurlaub Heftpflaster einzupacken und stets etwas gegen „Montezumas Rache" dabei zu haben, schadet genauso wenig wie Kopfschmerzmittelchen in der Reise-Apotheke.

In nicht wenigen Ländern sind Bagatell-Medikamente deutlich billiger als daheim. Doch was nützt dir die preiswerte Apotheke, wenn sie im Fall der Fälle weit weg ist. Wenn du unterwegs ein guter Kunde der einheimischen Pharmazie werden willst, dann besorge diesbezügliche Einkäufe gleich nach der Ankunft im Reiseland.

Frühstück nach DIN

Die Hotel- und Gaststättenverbände Deutschlands, der Schweiz und Österreichs (DEHOGA, Hotelleriesuisse, Wirtschaftskammer Österreich) definieren die erste Mahlzeit des Tages in enger Anlehnung an DIN EN ISO 18513.

Ein **einfaches Frühstück** (continental breakfast) besteht mindestens aus Brot, Butter, Marmelade und/oder Konfitüre sowie einem heißen Getränk. Das vielgeschmähte, aber ebenso oft angebotene schnelle Frühstück in südlichen Gefilden (z. B. Croissant und Milchkaffee in Frankreich) läuft außer Konkurrenz.

Ein **erweitertes Frühstück** sollte den Gast am Morgen mit einem Heißgetränk (wahlweise Tee oder Kaffee), Fruchtsaft, einem Obstsalat/Obst und einer Auswahl an Brot/Brötchen, Butter, Marmelade, Wurst und Käse sättigen. Erst ein **Frühstücksbuffet** muss bei den drei genannten Verbänden übereinstimmend einen noch größeren Umfang als das erweiterte Frühstück haben.

Ein gekochtes **Ei** oder Eierspeisen (Spiegeleier, Omelett, Pancake) sowie **Müsli** sind in Österreich bereits bei einem erweiterten Frühstück gefordert. In Deutschland sind sie erst beim Buffet, in der Schweiz überhaupt nicht erwähnt. Der Hotelverband Hotelleriesuisse fordert dagegen als einziger der drei Organitionen auch kalte Getränke bei einem Frühstücksbuffet.

Das sogenannte **american breakfast** ist ein sehr üppiges Frühstück, zu dem fast immer Frühstücksspeck, weiße Bohnen, kleine Würstchen, Eierspeisen oder auch Bratkartoffeln gehören. Selbst Süßes wie Eierkuchen, Ahornsirup oder Frühstücksflocken findet man dann am Buffet. Dafür wird die Brotauswahl meist kleiner als in Europa sein. Jenseits des europäischen Kontinents dominiert meist **Toast** am Morgen.

Die **Eier** werden in Form von Rührei *(scrambled egg)* oder Spiegelei *(fried egg)* zu sich genommen. Gekochte Eier *(boiled egg)* sind eher unüblich. Beim Spiegelei gibt der Gast an, welche Zubereitungsart er wünscht: Nicht umgedreht *(sunny side up)*, einmal kurz umgedreht *(over easy)* oder längere Zeit auf der Dotterseite gebraten *(over medium)*.

Wie auch immer: Es lohnt, auch mal Kleingedrucktes in Reisebeschreibungen zu lesen, wenn man gut frühstücken möchte.

Nach- und umgefragt

Meinungsumfragen spiegeln Fakten deutlich besser wider als Momentaufnahmen. Die meisten dürfen mit Fug und Recht als repräsentativ gelten. Ein kleiner Ausflug:

Die übergroße Mehrheit deiner Mitreisenden gibt den Servicekräften **Trinkgeld** – in erster Linie Kellnern (77 Prozent), gefolgt von Zimmermädchen (66 Prozent). Allerdings muss der Service dazu schon überzeugen: 66 Prozent geben nur dann Bedienungsgeld, wenn die Dienstleistung den Erwartungen entsprach. Freundlichkeit und Höflichkeit sind dabei die wichtigsten Kriterien.

(Quelle: Umfrage unter 721 deutschsprachigen TripAdvisor-Nutzern im Mai 2013)

Bei den **kulinarischen Highlights** im Urlaub scheiden sich die Geister – „ein bisschen anders ist auch anders" konkurriert dabei mit „jetzt erst recht abgefahren". Während fast zwei Drittel angeben, fern der Heimat am ehesten Känguru zu probieren, wandeln andere auf noch eher unbetretenen Küchenpfaden.

Neun Prozent der Befragten würden in den Ferien Quallen, sechs Prozent frittierte Taranteln und immerhin knapp zwei Prozent Schafsaugen essen. Diese Köstlichkeiten werden allerdings nicht mehrheitlich zur Lieblingsküche gekürt: Hier halten es die Teilnehmer eher klassisch und entscheiden sich für Italienisch (55%) gefolgt von Thailändisch (35%) und Chinesisch (25%).

(Quelle: Umfrage unter 818 deutschsprachigen TripAdvisor-Nutzern im November 2012)

Diebstähle im Hotel sind stets ein heißes Eisen. Zwei von drei der deutschen Reisenden geben zu, bei der Abreise schon mal Gegenstände aus dem Hotelzimmer eingepackt zu haben. 66 Prozent der befragten Hoteliers gaben an, dass sich Gäste bei Handtüchern und Co. bedienen. Aber auch Kosmetikartikel aller Art standen hoch im Kurs bei Langfingern.

(Quelle: Die Umfrage wurde im Auftrag von TripAdvisor vom unabhängigen Marktforschungsunternehmen Edelman Berland mittels einer Online-Umfrage im Zeitraum Juni/Juli 2013 durchgeführt. Weltweit teilgenommen haben 10.469 Unternehmen und 19.692 Reisende im Alter von über 18 Jahre, die Reisen online buchen und mindestens eine Reise im letzten Jahr unternommen haben.)

Das inkludierte **Frühstück** im Hotel ist für viele ein absolutes Muss. Da befindest du dich in allerbester Gesellschaft. Ohne Kaffee und Brötchen am Morgen geht nichts. Bemerkenswert: Auch der (kostenlose) W-LAN Zugang steht ganz oben auf der Hitliste von Reisenden.

(Quelle: Diese TripAdvisor Umfragen unter Reisenden und Hoteliers wurde vom 20. bis zum 28. Oktober 2011 durchgeführt. Die Umfrage wurde per E-Mail an die deutschen Reisenden gesendet, woraufhin 1.259 Antworten zurück gesendet wurden. Auch die Umfrage für Hoteliers wurde per E-Mail an zufällig ausgewählte Eigentümer deutscher Unternehmen gesendet. Aus dieser Umfrage gingen 150 Antworten hervor.)

Die meisten Reisenden sind **„Wieder- holungs-Täter"**. 73 Prozent gaben an, dass sie schon mehrmals das gleiche Urlaubsziel angesteuert haben, drei Prozent der Befragten reisen immer wieder an den gleichen Ort. Interessant: 53 Prozent haben zwar noch nicht viel von der Welt gesehen, wollen dies aber nachholen. 8 Prozent der Befragten fühlen sich anscheinend in ihrem Urlaubshotel so wohl, dass sie es gar nicht erst verlassen.

(Quelle: Umfrage von lastminute.de aus 2010)

Zu so manchem Umfrage-Ergebnis hast du tatkräftig beigetragen. **Deutsche Urlauber sind peinlich.** Sagen 53 Prozent laut einer Umfrage mit über 1.100 Teilnehmern. 69 Prozent glauben, dass sich deutsche Urlauber im Ausland daneben benehmen. Um diesen Negativ-Trend umzukehren, müsste sich an den Steinen des Anstoßes etwas ändern. Auf die Frage, was deutsche Urlauber ändern müssen, um nicht unangenehm im Urlaub aufzufallen, sagen 58 Prozent Benehmen, gefolgt von Kleidung (13 Prozent), Trinkgewohnheiten (13 Prozent), Tisch-manieren (5 Prozent) und schließlich Überheblichkeit (2 Prozent).

(Quelle: Umfrage von lastminute.de aus dem Jahre 2010)

Du hast es längst geahnt dass sich ein uraltes Klischee immer wieder bewahrheitet: Fast drei Viertel der Befragten meinen, die Deutschen seien Weltmeister im Reservieren von Liege-stühlen. Da ist es nur ein schwacher Trost, dass britische Urlauber den Teutonen dicht auf den Fersen sind.

(Quelle: Umfrage von lastminute.de aus dem Jahre 2010)

Was habe ich dir zum Fliegen schon gesagt: Die Tomate ist die ungekrönte Königin über den Wolken. 27 Prozent der Passagiere bestellen sich **Tomatensaft im Flugzeug.** 75 Prozent, weil sie ihn gerne trinken – 25 Prozent wissen selbst nicht, warum.

(Quelle: Umfrage von lastminute.de aus dem Jahre 2009)

„Frankfurter Tabelle"

Die „Frankfurter Tabelle" ist eine seit Jahren im Reiserecht gebräuchliche Liste zur Abschätzung von Reisepreisminderungen bei berechtigten Reisemängeln – und bezieht sich stets auf **Pauschalreisen.**

Die Liste stammt von der 24. Zivilkammer des Frankfurter Landgerichts. Die Tabelle ist deshalb dort entstanden, weil eine besonders hohe Zahl an Reisevertragsfällen aufgelaufen war.

Das liegt an der Zuständigkeit dieses Landgerichts als Berufungsgericht für das Amtsgericht Bad Homburg v. d. Höhe (weil die Thomas Cook AG mit den Marken Neckermann Reisen und Thomas Cook Reisen dort ihren Firmensitz hat und sämtliche Klagen gegen diese Veranstalter dort anhängig gemacht werden müssen).

Diese Auflistung ist weder für Gerichte noch für Reiseveranstalter verbindlich. Sie dient lediglich einer Orientierung!

Auf die „Frankfurter Tabelle" verweist inzwischen sogar Rechtsprechung im

Nachbarland Österreich. Darüber hinaus gibt es noch die Kemptener Reisemängel-Tabelle und die Würzburger Tabelle für Reisemängel auf Kreuzfahrten. Auch der ADAC hat beispielhafte Urteile zusammengestellt.

Bei einer im Speisesaal nicht vorhandenen Klimaanlage spricht die Tabelle von einem Abschlag von fünf bis zehn Prozent vom Reisepreis. Aber pass auf, mein lieber Guffi: Das gilt nur, wenn eine Klimaanlage auch zugesagt war!

Wenn am Strand eine Snackbar in der Reisebeschreibung zugesichert war und dennoch fehlt, streiten sich die juristischen Geister: Die Bandbreite reicht von Null Euro bis zu fünf Prozent des Reisepreises. Nicht lange fackeln die Richter, wenn (bei Zusage) dein Transfer vom Flughafen zum Hotel ausfällt. Deine dann anfallenden Zusatzkosten werden erstattet.

Fünf bis zehn Prozent Reisepreisminderung wären angemessen, wenn trotz Zusage der Balkon oder der Meerblick fehlen. Bringt man dich jedoch nicht dort unter, wo du gebucht hast, hängt die Höhe der Entschädigung davon ab, was man dir statt dessen zuweist. Das kann im Extremfall bis zu 25 Prozent des Reisepreises gehen.

Wenn man dir vorab Radio und/oder TV zugesichert hat und du dennoch weder hören noch sehen kannst, dann bringt das möglicher Weise bis zu fünf Prozent. Sofern nicht ausdrücklich der Empfang deutscher Sender offeriert wurde, musst du aber dennoch mit internationalen oder TV-Sendern deines Gastlandes vorlieb nehmen. Ohne Anspruch auf Entschädigung!

Bevor du bei Mängeln mit Kanonen auf Spatzen schießt, ist es stets nicht der schlechteste Gedanke, eine einvernehmliche Lösung zu suchen. Auch bei Beschwerden gilt: Der Ton macht die Musik. Ehe du zum Äußersten schreitest, hole lieber zuvor anwaltlichen Rat ein. Streitigkeiten vor Gericht können teuer werden und du weißt ja: „Vor Gericht und auf hoher See ist man in Gottes Hand." Nichts ist ärgerlicher als die Kosten eines unsinnigen Prozesses! Die „Frankfurter Tabelle" ist **keine** Bibel für Pfennigfuchser!

Herr Richter, was spricht er?

Nicht alles, was du im Verlauf einer Reise als nicht angebracht erlebt hast, sehen auch deutsche Gerichte so. Um es dir mit einfachen Worten zu sagen: Du bekommst stets das, was du bezahlt hast. Nicht weniger, aber auch nicht mehr.

Für kleines Geld kannst und darfst du im Urlaub keine Wunder erwarten. Den Kleinwagen zu bezahlen, aber in der Luxus-Karosse chauffiert werden – das wird niemals funktionieren.

Bei Buchung einer Billigreise, so die vorherrschende Meinung von Juristen, sind auch lediglich Leistungen der allereinfachsten Kategorie zu erwarten. Wenn du der Meinung bist, dass eine am Hotel vorbei führende Bahnlinie ein Reisemangel ist, bist du schief gewickelt. Wenn Dorfbewohner eines Dritte-Welt-Landes in der freien Natur vor aller Augen ihre Notdurft verrichten, so mag dich das irritieren. Aber dafür gibt es kein Geld zurück!

Eine Schlange unterm Liegestuhl erschreckt nicht nur einen wie dich. Eine Ratte, die durchs Treppenhaus rennt oder Kakerlaken in der Toilette sind gleichfalls keine sehnsüchtig ersehnten Urlaubserlebnisse. Jedoch ist das alles nur ärgerlich, vielleicht auch sehr ärgerlich. Ein Reisemangel im Billigurlaub ist es nicht!

Der zu erwartende Standard richtet sich wesentlich nach dem Reisepreis, entschied das Amtsgericht Nürnberg. Einwesentlicher Maßstab für die Beurteilung, ob ein Reisemangel vorliegt, seien Reiseart und -qualität. Der vereinbarte Reisepreis sei ein wesentliches Kriterium dafür, welcher Standard erwartet werden könne. Bei einem sehr niedrigen Preis dürften somit nur Leistungen der „allereinfachsten Kategorie" erwartet werden.

(Amtsgericht Nürnberg, Urteil vom 24.08.1998- Az.: 20 C 4724/98)

Zu Salmonellen hatte ich dir bereits einiges ins Reise-Tagebuch geschrieben. Solltest du der Überzeugung sein, auf einem Kreuzfahrtschiff argloses Opfer einer Salmonellenvergiftung geworden zu sein, so genügt es nicht, dass du darlegst, ausschließlich auf dem Schiff gegessen und getrunken zu haben. Alles, was du behauptest, musst du auch akribisch beweisen, sonst gehst du leer aus vor Gericht und bleibst auf Anwalts- und Prozesskosten sitzen.

(Amtsgericht Bad Homburg, Urteil vom 25.01.2005 Az.: 2 C 2400/04)

Du fandest deine sturzbetrunkenen Mitreisenden im „all inklusive"-Billighotel nervig? Pech für dich. Alkoholbedingte lautstarke Auseinandersetzungen zwischen zwei Reisenden während einer niedrigpreisigen „all inklusive"-Reise sind typisch für solche Reisen. Solche Urteile haben für dich den großen Vorteil, dass das, was für andere gilt, auch für dich richtig ist. Wo Saufen im Preis inbegriffen ist, solle für dich das große Kotzen absolut keine Schande sein.

(Amtsgericht Viersen, Urteil vom 09.04.2013 - Az.: 2 C 446/11)

Bordeaux statt Porto. Ja, es ist ein himmelweiter Unterschied, ob man im französischen Bordeaux oder im portugiesischen Porto landet. Hochdeutsch zu sprechen lohnt sich immer, wenn Verwechslungen drohen könnten. Versteht ein Empfänger eine undeutlich gesprochene Erklärung falsch, so geht dies zu Lasten des Erklärenden, urteilten die Richter dazu.

(Amtsgericht Stuttgart-Bad Cannstatt, Urteil vom 16.03.2012 - Az.: 12 C 3263/11)

Deinen Reinheits-Fimmel sehen Juristen ein wenig anders: Vorhandene Flusen und Staub in einem Hotelzimmer stellen keinen Reisemangel dar. Du musst also nicht in jeder entfernten Ecke prüfen, wann dort letztmalig der Staublappen mit dem Schrank oder der Fensterbank Kontakt hatte. Dass innerhalb von neun Tagen die Bettwäsche nicht gewechselt wurden, beanstandeten die Richter ebenfalls nicht.

(Amtsgericht Baden-Baden, Urteil vom 16.12.2011 - Az.: 16 C 42/11)

Für dein sauer verdientes Urlaubsgeld möchtest du möglichst den ersten und letzten Urlaubstag komplett am Ort deiner Wahl zubringen. Sofern dir das nicht ausdrücklich zugesichert wurde, musst du dich ein wenig in Toleranz üben. Auch ein Pauschal-Terrorist muss damit rechnen, dass An- oder Abreise zu höchst unkomfortablen Zeiten stattfinden und am Anreisetag vielleicht die Nachtruhe etwas kürzer wird als du es sonst im Urlaub gewohnt bist.

Eine „Wiedergutmachung" gibt es dafür allerdings nicht.
(Amtsgericht München, Urteil vom 30.12.2010 Az.: 173 C 23180/10)

So billig, wie du für gewöhnlich verreist, darfst du zu den Mahlzeiten natürlich auflaufen, wie du möchtest. Kleider machen Leute, unmögliche Kleidung macht unmöglich – du weißt es längst. In südeuropäischen Ländern oder auf anderen Kontinenten erscheinst du im Billig-Restaurant gern auch in kurzen Hosen. Sei´s drum.

Ein wenig anders sieht da aus, wenn du für deine Reise etwas tiefer in den Geldbeutel langst. Es könnte sein, dass du aufs Abendessen verzichten musst, wenn du auf Shorts bestehen solltest. Da hilft dann auch kein Klagen. Starrköpfe bleiben in derartigen Fällen hungrig.

Denn die Verpflichtung, zum Abendessen in einem gehobenen Hotel eine lange Hose zu tragen, stellt keine Beeinträchtigung einer Reise dar, urteilten deutsche Richter. Du musst dich dann wohl oder übel dem Dresscode anpassen oder anderswo auf eigene Kosten speisen.
(Amtsgericht München, Urteil vom 16.06.2010 Az.: 223 C 5318/10)

Bei allem, was dir Verdruss bereitet: Mal eben im Hotel an der Rezeption herumzumosern reicht für irgendwelche Regressansprüche nichts aus. Eine Mängelanzeige beim Reiseveranstalter ist stets erforderlich. Diese schmerzliche Erfahrung musste ein dir geistig Nahestehender bereits bei Gericht machen.

Er monierte, dass in seinem Strandurlaub alle paar Minuten Kokosnüsse zu Boden krachten. Die Richter wiesen die Klage ab, weil keinerlei Beanstandungen zuvor direkt an den Veranstalter gerichtet worden waren. Sie fügten gleichzeitig an, dass herab fallende Kokosnüsse kaum eine Beeinträchtigung darstellen würden.
(Oberlandesgericht Koblenz, Beschluss vom 05.10.2009 - Az.: 5 U 766/09)

Auch wenn du zu den guten Schwimmern gehören solltest, wünsche ich dir allzeit spiegelglatte Ozeane zum Baden. Auch wenn die Wellen an fernen Traumstränden einmal etwas höher schlagen sollten: Verschone bitte die Gerichte daheim mit deinem Ärgernis. Zu hohe Wellen vor einer Urlaubsinsel sind kein Reisemangel! Auch wenn entsprechender Seegang dazu führt, dass es mit dem Schnorcheln nicht

so richtig etwas wird. Ein natürliches Risiko von Meer und Wetter muss grundsätzlich von Reisenden hingenommen werden, meinten die Juristen.
(Landgericht Hannover, Urteil vom 17.08.2009 Az.: 1 O 59/09)

Denke stets daran, dass du sowohl auf hoher See als auch vor Gericht in Gottes Hand bist. Dem Reiseleiter dein tatsächliches oder vermeintliches Leid zu klagen und Klage vor Gericht zu erheben, sind zwei grundverschiedene Dinge. Egal, wie schwarz du dich mitunter geärgert haben magst! Du wirst es nicht glauben wollen, deshalb führe ich dir das Ganze einmal ausführlicher zu Gemüte.

Es war einmal eine Reisende, die wollte von ihrem Veranstalter sage und schreibe die Hälfte des Reisepreises erstattet haben. Noch während des „All inclusive"-Urlaubs im südlichen Europa meldete die Frau ihrer Reiseleiterin verschiedene Mängel. Es waren nicht wenige: Zu geringe Abwechslung beim Essen, angeblich verschimmeltes Brot, verdreckte Fugen und Ecken im Badezimmer. Außerdem sei es zu Geruchsbelästigungen gekommen, da es verboten gewesen sei, Toilettenpapier ins Klo zu werfen.

Die Liste war noch viel länger: Das Personal im Hotel sei unhöflich und zudem keiner „internationalen" Sprache mächtig gewesen. Der halbwüchsige Sohn habe im Hotel unkontrollierte Mengen Alkohol zu sich genommen, obwohl im Reiseprospekt der Hinweis „Kein Alkoholausschank an Minderjährige" gestanden habe. Dies habe dazu geführt, dass sie ihren Sohn pausenlos beaufsichtigen musste.

Für dich kurz und schmerzlos: Es gab laut Urteil der Richter exakt Null Cent zurück! Der Reisegast sei für das Vorliegen eines Fehlers darlegungs- und beweispflichtig und müsse dem Gericht die Nachprüfung der vorgetragenen Mängel ermöglichen, hieß es. Es müsse außerdem möglich sein, das konkrete Maß einer Minderung auf der Grundlage der Mängel bestimmen zu können. Die Aufsichtspflicht für ihren minderjährigen Sohn liege allein bei der Mutter. Es sei an ihr, den Sprössling so zu erziehen, dass er sich nicht bis zur Besinnungslosigkeit mit Alkohol zuschüttet.

(Amtsgericht Duisburg, Urteil vom 01.10.2008 Az.: 27 C 1039/08)

Stell dir vor, zum Abendessen oder am Strand erzählen dir Mitreisende, dass sie für den gleichen Trip wie du deutlich weniger Geld berappt haben. Ich sehe doch förmlich wie dir bei diesem Gedanken die Nasenflügel beben und wie du die Augen rollst! Behalte deinen Ärger aber lieber für dich.

Ein Reisebüro sei nicht verpflichtet, von sich aus alle erdenklichen Anstrengungen zu unternehmen, dir aus dem Gesamtangebot aller Veranstalter das günstigste Angebot herauszufischen, wurde geurteilt. Denn das hieße, die Anforderungen an die Aufklärungspflichten eines Reisevermittlers zu überspannen. Wenn du als Kunde so etwas möchtest, musst du deinem Reisebüro ausdrücklich einen Auftrag dazu erteilen.

(Amtsgericht München, Urteil vom 07.11.2007 Az.: 233 C 28416/06)

Ausreichend Schlaf gehört zwar zum Urlaub – aber du sollest es nicht übertreiben. Schon gar nicht auf Flughäfen. Ein dir aufs Haar gleichender Pauschal-Terrorist schlief bei einem Zwischenstopp im Wartebereich ein und verpasst dadurch seinen Weiterflug.

Wutschnaubend forderte er Schadenersatz, den das Gericht kurzerhand abschmetterte.

Die Reisebegleiterin hatte den Vielschläfer geweckt und darauf hingewiesen hatte, dass es Zeit sei, zum Check-in zu gehen. Diese Schlafmütze war aber erneut eingenickt. Die Richter urteilten, dass die Vertreterin des Veranstalters ihrer Betreuungspflicht genügt habe. Weitere Weckrufe seien nicht notwendig.

(Amtsgericht München, Urteil vom 18.01.2008 Az.:183 C 15864/07)

Nicht alles, was deinem Schnäuzchen nicht schmeckt, ist mangelhaft im rechtlichen Sinne. Wenn du nur ein einfaches Hotel buchst, darfst du dich über ein bescheidenes Essen nicht beschweren. Grundsätzlich solltest du für wenig Geld auch nur wenig an kulinarischen Köstlichkeiten erwarten.

Ziehst du mit derartigen Nörgeleien vor Gericht, kann sich deine Klage schnell zum Bumerang entwickeln. Ist im Katalog beispielsweise von einem „Snackbuffet" am Mittag die Rede, so darf es durchaus sein, dass du dich mit Pizza, Hamburgern und Hot Dogs zufrieden geben musst. Dass du dann satt im doppelten Sinne bist, spielt keine Rolle.

Auch ausschließlich helle Brötchen, zwei Sorten Marmelade, Mortadella, Schinken und eine Sorte Käse zum Frühstück können dem Reisepreis angemessen sein. Da nützt es wenig, dem Gericht damit in den Ohren zu liegen, dass das Rührei wässrig schmeckte und die Wiener Würstchen aufgeplatzt waren. „Entschädigungs-los hinzunehmende Unannehmlichkeit" lauten derartige Mahlzeiten im Juristen-Deutsch.

Mit einer Klage auf Reisepreisminderung sah es auch für die nächste Mahlzeit des Tages nicht gut aus: Wer nur ein einfaches Hotel gebucht habe, könne beim Snackbuffet eben kein komplettes Mittagessen erwarten, urteilten die Richter. Ich hätte ja durchaus Verständnis, wenn man bei derartiger Kost am Mittag förmlich kocht, wenn noch dazu die Klimaanlage im Speisesaal fehlte.

Weniger verständnisvoll waren die Richter: Eine schmerzlich vermisste Klimaanlage im Speisesaal stelle keinen Mangel dar, da ein klimatisierter Speisesaal nicht geschuldet sei.

(Landgericht Frankfurt am Main, Urteil vom 25.07.2006 - Az.: 2-24 S 228/05)

Wie oft kam bereits über deine Lippen, dass ein Buffet so aussah wie bereits einmal gegessen? Dämmert dir jetzt was? Ja? Wenn du den Braten vom Mittag abends erneut aufgetischt bekommst oder wenn der Backschinken vom Vorabend dein Frühstücks-Buffet ziert, dann drehst du gern komplett frei. Du lamentierst erst bei deinem Reiseleiter, dann beim Hotel-Personal und schließlich rennst du zum Anwalt.

Wenn dieser es gut mit dir und deinem Kontostand meint, schickt er dich ohne Kostennote wieder heim. Denn: Das Essen muss lediglich durchschnittlichen Erwartungen entsprechen. Wenn im Urlaub Speisen, die zum Teil mittags angeboten wurden, abends am Buffet nochmals serviert werden, stellt dies keinen Reisemangel dar. Ein geminderter Reisepreis kam im konkreten Fall nicht in Betracht.

(Amtsgericht Duisburg, Urteil vom 16.06.2005 Az.: 49 C 1338/05)

Danke

Ich bedanke mich an dieser Stelle ausdrücklich bei all den vielen Touristikern, die namenlos bleiben sollen und wollen. Viele von ihnen haben mir Blicke hinter die Kulissen gewährt und aus dem berüchtigten Nähkästchen geplaudert. Ohne sie hätte so manche Episode gar nicht aufgeschrieben werden können.

Ein herzliches Dankeschön sei allen entboten, die gelegentlich auch ihre Negativ-Erlebnisse mit mir teilten. Eine tiefe Verbeugung vor all denen soll und darf nicht fehlen, die meine Marotten auf der einen oder anderen Reise erdulden mussten und dies auch geduldig taten.

Ohne die von Nadine Müller ausgehenden kreativen Blitze hätte es nie Einschläge auf dem Umschlag gegeben. Ein herzliches Dankeschön dafür.

Ein symbolischer Blumenstrauß geht an meine langjährige Lebenspartnerin, die mir manch dumme Idee aus- und deutlich mehr gute Ideen einredete.

Zu guter letzt: Lieber Pauschal-Terrorist, gäbe es dich nicht bereits, man müsste dich erfinden. Du bist das Salz in der Reise-Suppe. Und so lange diese Suppe nicht versalzen wird, schmeckt sie auch gut.

Andreas Kühn, Mai 2014

Über den Autor

Der polyglotte Autor ist in Thüringen geboren, wo er seit mehr als einem Jahrzehnt auch wieder lebt. An Jahren ist er noch immer jünger als an der Zahl der bereisten Länder. Schreiben ist seit 1982 seine Profession, reisen seine Passion.

Mit seiner Lebenspartnerin hat er seit 2002 mehr als 70 Länder bereist – zu Lande, zu Wasser, mit dem Flieger. Rund anderthalb Millionen Reisekilometer kamen im Laufe seines Lebens bisher zusammen.

Die großen weißen Flecken auf dem Globus sind für ihn Australien und Ozeanien, in Europa fehlen ihm zur Vollständigkeit Island und Zypern.

Den sprichwörtlichen Narren hat er als Reisemobilist an Osteuropa, dem Balkan und der Iberischen Halbinsel gefressen. Mit dem Rucksack zieht es ihn bevorzugt nach Südostasien.

Seit 2004 ist er auch als Reiseleiter und Tour-Guide unterwegs.

2013 veröffentlichte der passionierte Campingbus-Fahrer einen Ratgeber für angehende Reisemobilisten als E-Book („Nicht länger nur träumen. Reisen!").

Die Küchen seiner Reiseländer stehen für den ambitionierten Hobby-Koch höher im Kurs als Museen, Theater und Galerien. Sofern es in seinen Möglichkeiten steht, hilft er in fremden Landen gern, wo Hilfe angebracht ist. Vor allem dort, wo Bildung am Nötigsten ist.

Sein Lieblings-Zitat (fälschlicher Weise Kurt Tucholsky zugeschrieben!):

Als deutscher Tourist im Ausland steht man vor der Frage, ob man sich anständig benehmen muss oder ob schon deutsche Touristen dort gewesen sind.

Er freut sich über Lob ebenso wie über aufrichtige (sachliche) Kritik.
Post bekommt er gern:
info@globetrotter-info.de
Mehr Lesestoff rund ums Reisen gibt es hier: www.globetrotter-info.de

Über tredition

Der tredition Verlag wurde 2006 in Hamburg gegründet. Seitdem hat tredition Hunderte von Büchern veröffentlicht. Autoren können in wenigen leichten Schritten print-Books, e-Books und audio-Books publizieren. Der Verlag hat das Ziel, die beste und fairste Veröffentlichungsmöglichkeit für Autoren zu bieten.

tredition wurde mit der Erkenntnis gegründet, dass nur etwa jedes 200. bei Verlagen eingereichte Manuskript veröffentlicht wird. Dabei hat jedes Buch seinen Markt, also seine Leser. tredition sorgt dafür, dass für jedes Buch die Leserschaft auch erreicht wird.

Autoren können das einzigartige Literatur-Netzwerk von tredition nutzen. Hier bieten zahlreiche Literatur-Partner (das sind Lektoren, Übersetzer, Hörbuchsprecher und Illustratoren) ihre Dienstleistung an, um Manuskripte zu verbessern oder die Vielfalt zu erhöhen. Autoren vereinbaren unabhängig von tredition mit Literatur-Partnern die Konditionen ihrer Zusammenarbeit und können gemeinsam am Erfolg des Buches partizipieren. Das gesamte Verlagsprogramm von tredition ist bei allen stationären Buchhandlungen und Online-Buchhändlern wie z. B. Amazon erhältlich. e-Books stehen bei den führenden Online-Portalen (z. B. iBookstore von Apple) zum Verkauf.

Seit 2009 bietet tredition sein Verlagskonzept auch als sogenanntes „White-Label" an. Das bedeutet, dass andere Personen oder Institutionen risikofrei und unkompliziert selbst zum Herausgeber von Büchern und Buchreihen unter eigener Marke werden können.

Mittlerweile zählen zahlreiche renommierte Unternehmen, Zeitschriften-, Zeitungs- und Buchverlage, Universitäten, Unternehmensberatungen, Forschungseinrichtungen, zu den Kunden von tredition.

Unter www.tredition-corporate.de bietet tredition vielfältige weitere Verlagsleistungen speziell für Geschäftskunden an. tredition wurde mit mehreren Innovationspreisen ausgezeichnet, u. a. Webfuture Award und Innovationspreis der Buch-Digitale.

tredition ist Mitglied im Börsenverein des Deutschen Buchhandels.

Leberwurst zum Schluss

Die auf der abendlichen Menü-Karte avisierte edle „Terrine de foie gras d'oie" verortete ein Ehepaar in Paris genau dort, wo Gänsestopfleber eben nicht angesiedelt ist: Im Bereich der Vorsuppen. Einzig die fehlenden großen Löffel machten die vermeintlichen Feinschmecker stutzig.

Und dann wurde sie serviert – die Gänsestopfleber-Terrine. Ungläubig und wortlos starrte das Paar einander an. Guste kam die zündende Idee: Erst griff sie beherzt in den Brotkorb, dann zum Messer und schmierte die Terrine dick aufs Baguette. Nachdem sie gekostet hatte, schob sie auch Guffi ein Stück zu.

Sein Kommentar: „Ich hatte wirklich mehr erwartet als nur diese **Leberwurst**. Das hätten wir daheim billiger haben können."